法律的成长

The Growth of the Law

（附：医学能为法律做什么？）

〔美〕本杰明·N.卡多佐/著

李红勃 李璐怡/译

代译序

卡多佐与《法律的成长》

一、卡多佐:曲折而传奇的一生

本杰明·内森·卡多佐(Benjamin Nathan Cardozo)是美国历史上最为杰出的法官之一。他虽已谢世很久,但时至今日,依旧声名显赫。卡多佐曾长期担任纽约上诉法院法官,并曾任首席法官,又在罗斯福新政的动荡年代出任美国最高法院法官。与此同时,他还扮演了作家和公共知识分子的角色,用一系列著作和演讲,向人们诠释了法官的工作,为他们创造性的造法工作做了卓有成效的辩解。[1]

1870年5月24日,卡多佐出生在美国纽约第五大街一个显赫的犹太家庭。他父母的家族,卡多佐和内森两姓,是西班牙裔犹太人,早在独立战争之前就到达美国。在19世纪,美国的西班牙裔犹太人认为自己是美国社会的精英,担负着崇高和伟大的使命。这种古老家族所拥有的自豪感和荣誉感影响了卡多佐的一生,他身上的许多特点,如高贵优雅、谦恭和蔼等,都是这一传承的反映。卡多佐的父亲早年从事律师职业,曾是纽约州最高法院和上诉法院的法官。在卡多佐出生后不久,他的父亲便卷入了政治斗争的漩涡,并被指控有五项不当行为。[2] 1872年,卡多佐的父亲为避免被弹劾而自动辞去法官的职务。这不但使家庭陷入了经济上的窘境,也使卡多佐家族蒙受耻辱。这件事对卡多佐一生影响很大,父亲在公德上的不足之处,一直笼罩在卡多佐的心头,并时时警示着自己,因而,他的一生勤勉自律,以至外界从未有过关于他在私人生活或政治上的闲言碎语。卡多佐年幼时,母亲就疾病缠身。他九岁时母亲因中风离开人世,于是,抚养卡多佐的相当一部分任务就留给了他的姐姐埃伦。卡多佐母亲去世后,他一直由姐姐照顾,当他成人后,两人依旧相依为命。西班牙裔犹太人的光荣传统,父亲的引咎辞职,以及姐姐的照料和培养,共同塑造了卡多佐的性格,并影响着他此后的事业。

卡多佐于1885年进入哥伦比亚大学学习,广泛涉猎人文社会学科,以超乎常人的勤奋和智慧赢得了老师和同学的尊重。本科毕业后,卡多佐选择了进入哥伦比亚大学法学院继续学习,因为他认为只有从事法律工作,才能洗刷家族名誉的污垢。[3] 1889年,卡多佐进入哥伦比亚大学法学院,开始他的研究生生活。卡多佐在哥伦比亚大学法学院学习时期,正处在一个过渡阶段——旧体制正被新体制所取代,教科书教学法正被案例教学法所取代。[4]在学校期间,他的学习非常刻苦,并多次获得奖学金,这些奖学金弥补了他的一部分学费。在大学和法学院时代,哥大法学院的一些教授对他产生了较大的影响。蔡斯教授以布莱克斯通对于法律的认识,讨论法律的含义作为卡多佐学习法律的起点,这些入门教育内容构成了哥大法学院法理学与法哲学教育的全部内容[5];德怀特教授侧重从实用的角度向学生传授法律准则,学生从专论和教材学习现行的法律原则和规则,老师向他们解释相关材料作为授课内容[6];基纳教授则比较严格地训练他们对原则、事实及其法律关系进行分析。[7]同时,卡多佐在法学院学习期间还广泛涉猎哲学、政治学的课程,这对他后来的法律工作生涯产生了重要的影响。[8]

1891年,卡多佐开始从事法律工作。在通过了相关考试后,他成为一名律师和法律顾问。他继续刻苦钻研,在事业刚刚起步时就赢得了"精通诉讼程序"的美名。他很快便能独当一面,在作律师的头一年就打赢了数个案子,他的论辩非常具有说服力,而且十分博学。在事业的头五年,卡多佐的律师工作开始引人注意,到了他职业生涯的第十个年头,他逐渐确立了自己作为权威律师的地位,并有固定的律师圈子为他介绍客户,在短短15年的律师执业期间,他赢得了"律师的律师"这一称号。[9]

1913年,在卡多佐43岁时,看似不会变化的律师生涯受到了政治生活的影响。他被提名为纽约上诉法院法官,并于1914年开始了其长达24年的法官生涯。1917年,他被任命为上诉法院常任法官,1925年当选为该院的首席法官。1932年,在哈佛、耶鲁和哥伦比亚等名校校长的强烈请求及其他各界人士的呼吁下,经过胡佛总统提名,他成功当选为最高法院大法官。在法官的职业生涯中,卡多佐的才华和能力得到了淋漓尽致的施展。在上诉法院期间,卡多佐的一系列著作以及一些著名案件的裁决,奠定了他在美国法律史上的地位。在最高法院工作期间,卡多佐积极支持罗斯福总统新政,认可"行政权可以积极回应社会需要"的理念,在美国经济复苏和社会转型中发挥了独特的作用。

1938年7月9日,卡多佐走完了他跌宕起伏的一生,在遗嘱中,卡多佐最后表达了他的感情寄托——其家人、犹太人事业、忠实的雇员、几位朋友、哥伦比亚大学以及法律。他给他的雇员凯特·特蕾西为数可观的费用,以感谢她对他姐姐和他的家庭的照料。

除了在法学和政治上的成就,卡多佐的人格魅力也给人留下了深刻的印象。他温和、羞怯、内向,有着非常良好的习惯;他对别人总是考虑周到,却从不考虑能否给自己任何可能的利益;他为人谦逊,虚心向别人学习,却又不卑不亢、不乏自尊;他是一个非常中庸的人,是一个谨慎的自由主义者以及中庸的改革论者,在他的时代稍稍具有进步思想,但并不秉持那种大众反对、可能激怒他的激进观点,因此更容易被社会所接受。卡多佐似乎在竭尽一生挽回其家族的声望。正如他自己所说:"我将尽绵薄之力承担我们共同的责任——一项伟大而神圣的使命——行使正义。"[10]

二、法律的成长

《法律的成长》源自卡多佐1923年12月在耶鲁大学所作演讲。演讲分三次讲完,后来讲稿被整理成书。该书历来被认为与《司法过程的性质》一脉相承。虽然有人认为此书对卡多佐裁决观点增益甚少[11],但是书中对一些新的问题如美国法律协会法律重述的努力等进行了分析和解读,也是对《司法过程的性质》的补充和诠释,为卡多佐赢得了又一次掌声。

(一)法律为何和如何成长?

卡多佐此篇演讲主要讨论法律的成长(The Growth of the Law),他开篇就提出了"法律为何需要成长"这一话题。

法律的稳定性与发展的平衡似乎是一个历史的难题。庞德在《法律史解释》一书中说道,法律必须稳定,但又不能一成不变。[12]法律无论稳定与变动,如果不能够使其处在一种比较平衡的状态,不论是死板僵化还是无章可循,都会对法律造成破坏。那么,如何在法的稳定性和变动性中间寻求一个折中路径的问题,就摆在了我们面前。卡多佐承认,法律的确定性是有其意义的,不确定则无法预知行为的后果,法律引导行为的价值就会丧失。[13]1923年时,美国法律协会(The American Law Institute)致力于法律的重述(Restatement of Law),法律的重述就是对于法的确定性的一种促进,以消除法的不确定性。美国法律协会从事法律重述工作的学者大都是哈佛、耶鲁等高校的知名教授,他们所做出的重述,地位及效力虽然不及法典,却高于一般的法学专著,这种权威性不是来自于任何命令,而是来自于这种重述固有的说服力。通过重述,我们让法律有了新的起点、动力和新的方向。

卡多佐也注意到,庭审之外的力量对庭审的影响正在增强[14],特别是来自于大学和其他学术机构的一些学者们的评论和意见。法院在审判过程中可能会出现一些错误,大学的法律评论就成为对于这些错误发布最新批评意见的载体。法官们也逐渐认识到,法律评论是具有重要价值的瑰宝。

在肯定了法的确定性的意义并了解到影响庭审的这些因素以后,卡多佐提出了两点忠告:首先,我们在崇拜确定性的时候,一定要对正确的确定性和错误的确定性进行区分。不能用一种狭隘的观点去看待法律,否则就不可能获得一种稳定、全面的确定性。法官追求的不是短暂的、浅薄的确定性,而是宽广、深刻、一致且根本的、真实的确定性。其次,我们在拥有确定性之后,还应当记得:确定性不是唯一的好东西,有时候为了获取它,我们付出了太多的代价,对确定性的盲目崇拜容易变成一种无法容忍的僵化和刻板。因此,法律的重述就要做好将历史遗留下来的垃圾进行清理,总结得失利弊,以便我们的法律可以踏上新的征程。[15]

但也要看到,法律的成长不会因为这次重述就获得了最佳结果,从此一劳永逸。就像我们今天对过去的法律进行修正一样,将来还应当有新的变化,继续对法律进行清理和修正。因此,法律必须成长,不断地成长。

(二)法律成长的哲学

对于法律如何成长的问题,卡多佐认为,首先需要一种有助于法律成长的哲学。[16]哲学就像是人们找到的一把奇妙的钥匙,而其他的方法则是相比之下粗陋笨拙的工具。对于相对浅显的内容,哲学看似毫无用处,但是当人们遇到更高深的问题无法解决时,终会发现哲学的妙用和益处。法哲学的内容看似极为抽象和笼统,但恰恰是法律思想得以发展的重要引领者。法官们都要受到哲学的影响,司法过程中遇到的诸多问题,其实质均属于哲学问题。卡多佐眼中的法律,类似于霍姆斯,就是某种行为的预期[17],因此当法的一致性和稳定性达到一定程度,人们可以预期自己行为的后果时,才算是有了法律。如果不遵循先例,那么法院的判决就令人怀疑。法院虽然经常在法律空白之处作判决或者以新判决推翻旧判决,但是在这一过程中,只有遵循了既有的原则和秩序,才使得法律的品质得以保持下去。从这个意义上来讲,法律就是某种预期,对于法官可能作出的判决的预期可靠性高时,法律就是稳定的,而稳定性非常差时,法律就不复存在了。但也要摒弃任何一种极端的思想认识,法律绝不是死板僵硬和一成不变的。

卡多佐主张,法官在司法过程中必然有选择性和创造性的行为。[18]他是在担任法官以后才发现,法律呈现给他的面貌焕然一新,可以发挥创造性的空间十分巨大。法官奉行的哲学对他的工作起到重要的影响,过去积累的智慧和他奉行的哲学会深刻影响到他的裁判活动。沿用《司法过程的性质》中对四种法官应当遵循的力量之划分的方法,卡多佐指出,有四种力量是法官必须遵循的：逻辑、类比、历史和习惯的力量。对于法哲学的研究，则少不了对于哪种力量起着决定作用，以及方法选择中所遵循的标准的研究。卡多佐认为，法律问题的解决涉及方法的选择。在选择的过程中，看似没有一种固定的方法居于最高地位，但社会生活的需求总是不断变化的。英国法院始终认为一旦违背了逻辑，那么结论都是错误的；而美国法院则倾向于使逻辑让位于功利，比如纽约州的判决要求产品的生产者要对其消费者的损害承担赔偿责任，即使生产者和消费者之间没有直接的合同关系。因此，在面临选择时，我们应当了解规则、原则和先例是如何发生作用的，以及应当获得的目标是什么。美国法院的实践表明，它会让其他原则让位给社会公共利益和人们共同的需要，而不是一味地坚持严密的逻辑推理。

接下来，卡多佐探讨了法律的功能和目的。他首先指出，正义的标准实际上是无法被客观化的。你不可以为了"便利或实用"这样的蝇头小利,而背离了由历史或逻辑所确定的准则,否则所失会高于所得;你也不能为了遵循"平衡或秩序"这样轻微的事情,而使得公平和正义所确立的准则蒙尘,否则亦会得不偿失。诸如此类的道理人尽皆知。当新的问题产生,公平和正义会指引人们的思维找到解决方案,而当人们仔细审视这些解决方案,就会发现它们是和平衡与秩序相一致的。在法律乃至其他思维领域的发展中,我们永远不能摆脱对于直觉的依赖,这也并不意味着规则是毫无用处的。方法论所给予的并不是一把钥匙,而是一条线索,一条值得我们探索和开发,从而提取其本质和精华的线索。法官的自由是受到这些方法和规则限制的。比如立法机关宣告,一种利益高于另一种利益,那么法官就要服从于立法中所规定的评估方法。即使立法没有规定价值评估标准,法官在进行价值判断时,也必须根据客观的标准而非其主观标准。审判案件的过程,实际上就是在运用哲学。此法官或彼法官所接受的选择,很大程度上取决于法官对于法律目的或法律功能的理解,而法律的目的和功能的问题,本身就是一个哲学命题。法官经常在黑暗中摸索前行,如果他缺少恰当的哲学指引,很有可能误入歧途。我们必须认识到,所有的方法都不应被视为偶像,而应被看做工具。我们要使各种方法互相纠正和互相印证,结合使用,由此它们就成了引领我们前进的烛灯。在卡多佐看来,法律的功能和目的是不可分的,法律的功能既包括法律在达成其目的的过程中所发挥的功能,也包括法律所产生的实际的功能。在现实生活中,如果一个规则与行为的现实状况没有必然联系,那就意味着其功能已经被扭曲了。

最后,卡多佐说道,虽然他的演讲只是对某些现实存在着的问题进行介绍[19],但恰是这些问题,构成法院一切棘手问题的根源。正是法院对于司法权的界限、司法功能的本质、司法过程的性质等问题存在错误的认识,才导致法院犯下了一系列错误。因此,他希望通过对于这些问题的重新审视,发出他的呼吁,期待这些问题早日得到解决。

三、社会学法学与法官裁判方法

在社会法学产生之前,美国的法学主要侧重寻求法律制度以及司法决策过程基础的历史。人们一开始从神灵、自然中寻求知识和价值的基础,近现代自然科学的发展和宗教改革又给人们提供了理性、先验和经验作为基础。而社会法学家则将寻求真理的来源从理性的自我转向了外部世界,对法学的研究从原因转向了功能,通过社会需求认识法律。自19世纪三大法学流派,即分析实证主义法学、哲理法学和历史法学之后,社会法学开始成为西方法理学的主流,美国最高法院大法官霍姆斯和哈佛法学院院长庞德都是此时涌现的社会法学家。卡多佐虽然没有系统地提出社会法学的思想,但是霍姆斯和庞德的社会法学思想在很大程度上影响了他的司法观点,他也在演讲中多次提及二人的主张。霍姆斯认为,法律的生命不是逻辑,而是经验,历史和现实的状况对法的内容和发展变化起着决定性的作用。[20]卡多佐是霍姆斯联邦法院大法官职位的继承者,更是霍姆斯思想的践行者和传播者。卡多佐认为霍姆斯的影响不仅局限在法律方面,还包括历史、文学等领域[21],而卡多佐本人似乎也是如此。庞德与卡多佐同岁,他的社会法学思想在卡多佐的演讲与文章中得到了更好的回应。在法的含义上,卡多佐赞同法律是一种社会事业[22];在法的特征上,卡多佐赞同法的确定性,《法律的成长》开篇就引用了庞德著名的论断,"法律必须稳定,但不能静止不变";在法官的地位上,卡多佐认同法官的创造性作用[23];在法的目的上,卡多佐赞同法的目的是促进和保障社会利益。霍姆斯与庞德可以说是卡多佐职业生涯和法学思想形成过程中的良师益友,对于卡多佐的社会法学思想产生了重要的影响。

卡多佐的《司法过程的性质》《法律的成长》《法律科学的悖论》这一系列演讲,展现了一名法官试图说清楚其审判方法的努力。卡多佐是第一个试图做这种描述的法官,并且他所做的在我们能看到的当中是最好的。[24]

卡多佐在上述一系列的演讲中解释了法官必须遵循的四种方法。一是哲学的方法,侧重于是三段论的逻辑推理;二是历史的方法,法律沿着历史的发展趋势发挥其功能;三是传统的方法,法律原则按照社会的传统或习惯发挥功能;最后一种则是社会学的方法。[25]卡多佐非常重视社会学的方法,他在研究了前三种方法后,看到了社会问题的复杂性。前三种方法有时不能使我们解决问题,于是他提出了第四种方法,认为在前三种力量之外还存在着一种力量,"它在我们时代和我们这一代人中正变成所有力量中最大的力量,即社会学方法中得以排遣和表现的社会正义的力量"[26]。法律的目的是实现社会正义,而社会正义是包括各种社会道德、正义观念、公共政策在内的多元、复杂且不断变化的混合体。[27]在过去,已婚女子与他人通奸要受到惩罚,因为她的丈夫对她的身体享有所有权,而如今男女平等已深入人心,妇女对其身体有自主权变为了社会正义。法官对于一个时代社会正义的考察主要考虑以下因素:道德因素,法官必须遵循仁慈的美德;自由因素,每个人都享有自由,同时每个人的自由都受到限制;"社会观点"因素,这种观点是社会个体观点的联合而非个人观点的简单相加。[28]司法必须将自身与以上这些因素所代表的社会正义紧密结合,才能真正实现司法的目的和功能。

卡多佐主张,法官可以在规则出现空白时弥补法律的漏洞,由此引出了对法官定位的思考,以及社会学方法如何指导法官在空白处造法。他肯定遵循先例是司法过程中一个基本规则而非例外,法官只能在法律的空白处立法。"社会学的方法所要求的一切就是,法官将在这一狭窄的选择范围内来寻求社会正义。"[29]在卡多佐生活的时代,美国社会正发生着变化,而社会需求也与往昔不同。因此,法律需要根据社会的变化做出转变,以适应新的"社会正义"。作为法官,在遵循先例的同时,就需要在先例的间隙和空白之处对新的社会需求做出回应。法官作出判决的过程中,要把社会的利益牢记心中,法律、裁判的终极目的就是维护社会福利。作为大法官的卡多佐的这一司法观点,也和罗斯福新政的主旨不谋而合,顺应了时代的潮流。特别是在经历了大萧条之后,该观点对于推动美国社会的改革和进步,发挥了重要的作用。

四、小结

卡多佐生于内战刚刚结束的动荡年代,死于罗斯福新政刚刚结束的萧条时期,一生经历了美国社会的沧桑巨变。卡多佐始终活跃在法学实践工作的第一线,从执业律师到纽约州法官,再到联邦最高法院大法官。这样的经历使得他的法学观点深深植根于他的法律实践之中。卡多佐的社会法学思想不仅仅体现在他的著作和演讲,更是运用到他所作出的判决当中。他用自己信奉的法哲学指导着自己的案件裁判,以此服务和推动社会的发展与进步。

人们称赞卡多佐是一个伟大的法官和智慧的思想家,但是,他自己却说:"实际上,我只不过是一个孜孜不倦的普通人——请注意,我普通但我孜孜不倦——因为一个普通人必定行之不远,但如能孜孜不倦就会小有成就。幸福蕴涵在成功之中,成功则来自勇敢、忠诚和勤奋。"[30]卡多佐就是这样一位勇敢、忠诚、勤奋又谦逊的法官,他不仅是一名社会法学家,更是一位穷尽毕生的智慧和心血,在孜孜不倦地思考"该如何是好"并努力做到知行合一的法官。

近一百年之后,尽管很多意见陈旧过时,但卡多佐的名望却经久不衰,他的意见书、他的理论著作、他的裁决方法,依旧对我们当代的法学思维和司法实践产生着巨大的影响。[31]

---

[1] 参见〔美〕A. L. 考夫曼:《卡多佐》,张守东译,法律出版社2001年版,第3页。

[2] 参见 Charges Against Justice Albert Cardozo, and Testimony Thereunder, Before the Judiciary Committee of the Assembly, 1872, New York (State) Legislature Assembly.

[3] Joseph J. Rauh, Jr., "A Personal View of Justice Benjamin N. Cardozo," 1 *Cardozo Law Review* 5, 9 (1979), 转引自〔美〕A. L. 考夫曼:《卡多佐》,张守东译,法律出版社2001年版,第41页。

[4] Cardozo, "The Bench and the Bar," Addressed before the Broome Cotmtv Bar Association, 1929, reprinted in 34 *New York State Journal* 444 (Dec. 1962).

[5] Cardozo, "Modern Trends in the Study and Treatment of the Law," address at the installation of Dean Hunger Jersey, Nov. 17, 1924, manuscript in KCC. The printed version in 16 *Columbia Alumni News* 151, (Dec. 19, 1924) was abridged.

[6] 3 *Columbia Law Times* 74 (1989).

[7] William Keener, "The Inductive Method in Legal Education," 17 Report of the Seventeenth Annual Meeting of the American Bar Association 473 (1894).

[8] 参见〔美〕A. L. 考夫曼:《卡多佐》,张守东译,法律出版社2001年版,第51—52页。

[9] 参见〔美〕A. L. 考夫曼:《卡多佐》,张守东译,法律出版社2001年版,第71—96页。

[10] 50 *New York Journal* 1707-1708(Jan. 6, 1914). 转引自〔美〕A. L. 考夫曼:《卡多佐》,张守东译,法律出版社2001年版,第71—96页。

[11] Letter from Cardozo to Felix Frankfurter, Apr. 26, 1926, FE. 转引自〔美〕A. L. 考夫曼:《卡多佐》,张守东译,法律

出版社 2001 年版,第 71—96 页。

[12] Pound, *Interpretation of Legal History*, p. 1: quoted from Cardozo, "The Growth of the Law", Yale University Press, 1924, p. 2.

[13] Cardozo, *The Growth of the Law*, Yale University Press, 1924, p. 3-4.

[14] *Ibid.*, p. 11.

[15] *Ibid.*, p. 17.

[16] *Ibid.*, p. 21.

[17] *Ibid.*, p. 52.

[18] *Ibid.*, p. 57.

[19] *Ibid.*, p. 144.

[20] "法律的生命不是逻辑,而是经验。在决定人们应当遵循的规则时,现实的感知的需要、盛行的道德与政治理论,对公认和不自觉形成的公共政策的直觉,甚至法官与同僚共有的偏见,比演绎推理起更多的作用。法律体现了一个民族诸世纪以来的发展历程,不能将它视作似乎仅仅包含公理以及一本数

学书中的定理。"参见〔美〕O. W. 霍姆斯:《普通法》,冉昊、姚中秋译,中国政法大学出版社 2006 年版,第 1 页。

［21］ 参见〔美〕A. L. 考夫曼:《卡多佐》,张守东译,法律出版社 2001 年版,第 51—52 页。

［22］ Benjamin N. Cardozo Reviewed works: "Interpretations of Legal History by Roscoe Pound Harvard Review", Vol. 37, No. 2 (Dec., 1923).

［23］ 参见〔美〕本杰明·卡多佐:《司法过程的性质》,苏力译,商务印书馆 2005 年版,第 70 页。

［24］ 参见〔美〕理查德·波斯纳:《卡多佐:声望的研究》,张海峰等译,中国检察出版社 2010 年版,第 2 章。

［25］ "一个原则的指导力量也许可以沿着逻辑发展的路线起作用,我将称其为类推的规则或哲学的方法;这种力量也可以沿着历史发展的路线起作用,我将称其为进化的方法;它还可以沿着社区习惯的路线起作用,我将称其为传统的方法;最后,它还可以沿着正义、道德和社会福利、当时的社会风气的路线起作用,我将称其为社会学的方法。"〔美〕本杰明·卡多佐:《司法过程的

性质》,苏力译,商务印书馆2005年版,第16页。

[26]〔美〕本杰明·卡多佐:《司法过程的性质》,苏力译,商务印书馆2005年版,第39页。

[27]卡多佐认为:"在今天法律中的每个部分,这个社会价值的规则都已成为一个日益有力且日益重要的检验标准。"〔美〕本杰明·卡多佐:《司法过程的性质》,苏力译,商务印书馆2005年版,第44页。

[28] Benjamin N. Cardozo, *The Paradoxes of Legal Science*, Reprinted in *Selected Writing of Benjamin N. Cardozo*, Margaret E. Hall(ed), New York: Fallon Law Book Company, 1947, p.306.

[29]〔美〕本杰明·卡多佐:《司法过程的性质》,苏力译,商务印书馆2005年版,第85页。

[30] Justice Cardozo's self-description,载http://www.ssa.gov/history/cardozo,访问时间2014年6月26日。

[31] John T. Noonan, Jr., *Persons and Masks of the Law*, 111-151 (1976), 1 *Cardozo Law Review* 1-342 (1979).

目　录

前　言 /1

说　明 /11

第一章　导论·有必要通过科学的法律重述促进法的
　　　　确定性 /13

第二章　需要一种有助于法律成长的法哲学·法哲学的
　　　　问题·法律的内涵与起源 /34

第三章　法律的成长及裁判的方法 /69

第四章　法律的功能和目的 /94

第五章　功能和目的(续)·结论 /121

附　录　医学能为法律做什么？/156

后　记 /205

前　　言

在耶鲁法学院的门口上方,刻着这样一句话:"法律是鲜活的生命,而非僵化的规则。"这句话是对卡多佐法官40年前在耶鲁第二次演讲主旨的简要概括。在1923年,这并非一个全新的观点,但它还没有被法官、律师和主流法学院的教授们普遍接受。在1900年之前,在卡多佐和本导言作者的老师那一辈,不会有人把这些观点介绍给法学院的学生。法学研习的对象是"实证法"(positive law),即法律规则和法律原则、真实的法律文本、准确的理解和解释等。所有这些都是人为构建的,会随着时间和环境而改变,仅仅构成生活演化过程中一个大的方面。

在做学生和从事律师工作的时候,卡多佐并未持有上述法律理念。"我承认,只有到了晚年我才意识到它的重要性……当我作为一个法官必须去处理案件时,我才对此有了全新的理解。我发现,审判中创造性的因素远超出我的想象。"就在4年前,他拒绝接受在耶鲁斯多瑞斯讲座(Storrs Lecture)进行演讲的邀请,理由是"我没有什么内容可讲"。当建议他可以跟法学院的学生阐释一下案件裁判的过程时,他很干脆地回答:"我想这倒没问题。"在履行法官职责的同时,一年多的阅读和研究让他明白自己应该讲什么。在名为"司法过程的性质"的四次讲座中,卡多佐阐述了法官在社会进步中发挥的选择代理人(the selective agents)的作用,以及他们作出选择和得出裁判的思维方法。正是这些极富意义又深入人心的内容,加快了卡多佐从纽约上诉法院升迁到联邦最高法院的进程。

他很清楚自己关于司法过程的观点并非被人们普遍接受,因此他有些犹豫是否要把这些演讲内容发表。他很幽默地评论:"如果我发表,我怕是会被指责的。"

在今天,并非所有的法官都意识到他们司法的过程;在任何法院,更鲜有法官像卡多佐那样具有细致入微的洞察力、对人的同情和理解以及淋漓尽致的表达,使其得以充分利用司法的过程。在这些演讲中,卡多佐思考了法律表述和应用上的不确定性,以及法官的"造法"功能。

"我第一年担任法官的时候内心很困惑,如同船行在大海上一样。我在寻找方向和确定感。当我发现这种追寻徒劳无功的时候,我非常沮丧和压抑。我努力去抵达陆地,抵达有着确定不变规则的坚实的陆地,抵达司法的天堂,那里有着更加清晰和权威的标志,而非它们在我犹疑不定的内心和意识中苍白而微弱的映像。我在勃朗宁的《巴拉塞尔士》*中的航海者那里发现,真

---

* 罗伯特·勃朗宁(Robert Browning,1812年5月7日—1889年12月12日),英国诗人、剧作家;《巴拉塞尔士》("Paracelsus")为其代表作之一,是勃朗宁写于1835年的一部诗剧。——译者注

正的天堂永远遥不可及。随着岁月的流逝,随着我对司法过程的性质的更深入的思考,我开始接受了法律的不确定性,因为我认识到这是不可避免的。我认识到,司法过程在根本意义上不是发现,而是创造。怀疑和迷惑,希望和恐惧,都是思维的一部分,在生与死的剧痛中,旧的原则消灭,新的原则出生。"

载于本书中的卡多佐的第二次课程演讲延伸和发展了他在早前表达过的思想。这两本书一起阅读会非常有益,它们同样展现了作者学识的渊博、视角的敏锐和语言的魅力。他此番演讲的内容是:"法律的产生与成长,法律的功能与目的,何谓法律,它是如何被创造的,它产生后又是如何扩张和发展的?"这个主题要比描述司法的过程本身艰难得多,因而他对自身立场的不确信也就不令人奇怪了。但是他深刻认识到,无论在任何时候,人的行动及其决定总是先于构成了所谓正式"法律"的规则和原则的。他也认识到,法律的规则和原则是基于人的行为、选择和决定而归纳出来的。这些归纳如果与勤劳、洞察和理解相结合来解读,将会有效地成为新决定的主要前提。也就是说,他们可以被有效地使用,直到人们新的思想和经验要求变革。他们都是实验性的工作规则,只要能够为人的愿望和福祉服务,就应得到尊重和运用。这些规则不应被轻视,因为它们会改变,它们是在生活中指引我们前行脚步的唯一规则。如果我们漠视他们,伤害和死亡可能会发生,但是,如果我们把他们看做绝对性的存在,罔顾变化、需求、环境和信念,那么,伤害和死亡就一定会到来。正是这些因素构成了指导人们行为、选择和判决的背景和基础,也正是这些变动的、不确定的和冲突的因素,决定着"法律的成长"。

卡多佐的关于判决来源和法律规则的讨论睿哲和富于教益,但也留下了深入思考的空间。阅读卡多佐的读者可能会从威廉姆·萨姆勒(William G. Sumner)关于公序良俗的研究中获益。这些习俗也像法律规则一样，会随着时间和环境而发生变化，它们也是生活演化过程中一个大的方面。它们构成我们每个人，包括法官、律师及当事人生活环境的一部分。当我们逐渐成长，我们假设它们是永久的和完美的，它们对人的行为发挥了不可抗拒的力量。我们寻找和需要"正义"，假设它绝对存在，并且存在影响人类决定和行动的可能性。前者经常被描述为"自然正义"，以区别于国家制定并由法院适用的实在法。习俗对人的行为的强制性力量以及对其永恒性的假设，使人们相信自然法的存在，它超越于人的微弱的能力。卡多佐没有接受这些术语，他知道习俗会随着时间、环境、民族、人类的起源和发展而变化。但是，规则和原则就是由这些习俗形成的，法律就是在这些习俗之上起源和生长的。关于法律的这些渊源，卡多佐说道："他们植根于商业和群体习以为常的形式和方法、主流的公平和正义的确信，以及我们对当今道德的信念和行动的复合体之中。"

在忙碌的日子里,每天都有许多案件需要法官裁决,而每个案子或多或少都有自己的独特性。在追求对自己最有利裁判的双方当事人之间,法官该如何裁判?他有选择吗?对法官而言,判决结果是严格依据法律得出从而早已注定和确信的吗?只要可能,法官首先要查阅"法律规则和原则"。但是,法律规则和法律原则在过去虽然很稀少,如今已变得数量巨大,形式和内容变化多端,以致法官无法全面掌握他们,即使其确信了解的那一部分法律,不同法官的理解也会因人而异,向不同的法官传递不同的信息。因此,法官必须在法律规则中做出选择,以适应自己正在裁判的具有独特性的案件。

法律规则和法律原则是由语词组成的,而语词总是像香蕉皮一样光滑。霍姆斯说过,语词不是水晶,在岁月中保持其外形和内容不变,它是某种鲜活思想的外壳。但是,就其本质而言,语词甚至没有包含思想的外观,它仅仅是一个等待被使用者的思想充满的皮囊,不断膨胀,直到把其内容输入接受者的头脑中,在此过程中有丰富,也有减损。使用语言的人意欲表达的意思,可能未必会和接受者收到的一致。如果语言确实如此,那么由语言组成的法律必然也如此。即使法律规则是在成文宪法中用精确的语言表述和保存着,立法者也没有赋予他们相同的意思,而随着时代和事件的发展,这些文字也不会向后代传达相同的意思。

因此,法官不仅要选择适用哪一个规则,还需要确定其表达的含义,在此过程中,它必须把这个规则适用于摆在自己面前的独特的案件。在此过程中,法官必然总是要把自己的一些东西放进去,这边加一点,那边减一点。一个规则在前一个案件中的适用和在后一个案件中的适用迥然不同。一个规则仅仅是若干案件的归纳,没有两个案件是完全相同的,规则的内容其实就是它被适用的总和。

在法律适用过程,也就是进行司法裁判的过程中,法官必须让法律规则与案件对接,而不是让案件与法律规则对接,而案件事实是由当事人、律师以及陪审团呈现给法官的。因为疏忽或故意,法官会对案子不负责任,也会扭曲事实,这确实不是我们想看到的。但是,头脑清醒和心智诚实的法官不会这么做,他必须接受呈现在面前的这个事实,挑选规则并适用,最终给出一个公正的判决。

公正的判决,独特的案件。难道通过文字表述的法律规则和法律原则没有包含公正,没有引出判决吗?法律确实指向目标并限定问题,但他们是可变的,而且经常相互冲突。在所有案件中,外在力量总会影响决定——法官最后的选择。这些外在力量就存在于法官任职的社区的公序良俗之中。用前面提及的卡多佐的描述,他们是"商业和群体习以为常的形式和方法、主流的公平和正义的确信,以及我们对当今道德的信念和行动的复合体"。这些就是法官裁判的特定的信息,它宣布了法律的产生与生长。

卡多佐的讲座是为法学院的学生准备的,这些学生对法律概念、原理以及法院的裁判及其书面观点已经有一定了解。非专业的读者未必能够很好地理解卡多佐的推理和说明性案例,但很多人已经从他的讲座中得到启发和激励,并为他优美的文风深深折服。要判断卡多佐结论的正确性,需要和卡多佐有同样丰富的生活体验和深入的思考,正是这些体验和思考才使得卡多佐得出这些结论。但是,善于思考的读者一定会在阅读本书时发现,自己对体验人生的奥秘有了新的认识,对语言的品质有了新的评价,并且意识到,自己触碰到了伟大的思想者的灵魂。

亚瑟·L. 科宾

康涅狄格州纽黑文

1962 年 9 月

说　明

本书的内容源自 1923 年 12 月在耶鲁大学法学院的讲座,可被视为是 1921 年在该校讲座的补充。1921 年讲座的内容,即《司法过程的性质》,已由耶鲁大学出版社出版发行。

尽管可能会有重复,但考虑到有些想法在第一本书中的表述有待完善,因此需要在本书中进一步作出更加全面和准确地说明。

卡多佐

纽约

1924 年 5 月 30 日

第一章

导论·有必要通过科学的法律重述促进法的确定性

当代法律发展面临着双重的需求。首先是对"法律重述"(Restatement)*的需要,它可以给杂乱而令人困惑

---

* "法律重述"是美国法学界为了使错综复杂的普通法简化和系统化,将司法方面浩繁的判例加以总结和整理,对那些有适用价值和效力的法律原则和法律规范加以重新阐明,然后按法典形式,分编、章、节、条加以排列、分类,并编纂成册。法律重述不是立法活动,并不创造新规范,只是对当下有效的普通法规范以条文的形式加以"重述",为法官、律师和法学研究者提供方便。目前"重述"共有十个专题,分别是《保障》(1版,1941)、《托拉斯》(2版,1959)、《代理》(2版,1958)、《侵权)》

的判例带去确定性和秩序感,这是法律科学的任务;其次是对一种法律哲学的需要,它能够协调稳定和发展之间的冲突,能够提供法律持续生长的原则。对于第一个需求,人们感受深刻并广泛认同,新近成立的美国法律协会(American Law Institute)就是一种为满足此需求的尝试。对第二个需求,虽然尚未得到广泛的认同,但它的不断呈现必将获得最终的认同。我这些讲座的目的就是跟大家探讨上述两种需求,但主要是围绕第二个问题展开。

"法律必须稳定,但不能一成不变。"[1]这是我们常常必须面对的自相矛盾的困境。法律不论静止还是变

(2版,1965—1979)、《赔偿》》(2版,1980)、《财产:房东与房客》(2版,1977)、《财产:赠与转让》(2版,1983)、《冲突法》(2版,1981)、《合同》(2版,1981)、《审判》(2版,1982)、《美国对外关系法》(1987)。每个领域由知名学者起草、审定,主要汇集该领域内同类判例并提炼其中的原则和规则,是判例与法典的中间状态。——译者注

动,死板僵化还是无章可循,如果不能达到一种平衡,对法律而言具有同样的破坏性。法律如同人类自身一样,只要生命延续,就必须找到妥协和折中之路。两种朝向不同方向的趋势必须得到控制,从而使之可以和谐运作,实现这一点需要智慧,以取得两种趋势的整合。[2]关于这一主题的文献可以把我们带回亚里士多德年代甚至更早的时期[3],在那里,法律要以公正相辅,法典要以敕令相辅,严格法要以衡平法相辅,习俗要以制定法相辅,规定要以裁量相辅。庞德在他的《法哲学导论》(*Introduction to Philosophy of Law*)一书中说道:"如果我们必须在司法审判需要完全机械化还是行政化中做出选择,在成熟的法律体系下,法律人合理的直觉会引导他们选择前者。"如何使两个方面平衡与融合,这是一个历史性难题。

对于先进的法律体系而言,法律确定性的价值无需多述。如果法律模糊而无从把握,则其对人的行为的指导功能将会丧失。我们的法律长期以来被指责缺乏确定性,极具分量的指责者的名字在法案上都有记载。如果我们追问造成这种结果的原因,原因是多方面的。美国法律协会在其创立会议上,援引了一个委员会的报告,列举了至少八条理由。这些理由包括:在普通法的基本原则问题上并未达成共识,法律术语的使用缺乏精确性,相互冲突又糟糕的成文法条款,对本应适用于相同法律原则的不同案件进行人为区分,数量庞杂的汇编案例,法官和律师的愚昧无知,新型法律问题的数量增加与独特性质等。[4]

在所有这些原因中,在我看来最重要的一点是裁判数量的增加。我们判例法的强大繁殖力估计会让马尔萨斯*也目瞪口呆。遵循先例是维持法律稳定的力量,

---

* 马尔萨斯(Malthus),英国经济学家,代表作有《人口原则》和《政治经济学原理》,提出了"马尔萨斯人口论",主张人类必须控制人口的增长,否则贫穷将是人类不可改变的命运。——译者注

也是维护法律稳定性和确定性的保障。我们不愿意牺牲判例法中的任何一个子孙,但其不断膨胀的数量,却已忘却我们的仁慈,正在损害我们的法律体系。[5]判例法数量的增长并未为其带来更多的尊重。从不同人头脑中产生出来的东西,必然包含了一些奇谈怪论。在判例法庞大的家族中,也有一些有缺陷和无意义的内容。各级法院判例数量的不断膨胀正在导致新的情形发生,即审判中法官引用判例的情形越来越少,而付诸原则的情形则越来越多。毕竟,面对堆积如山的待判决案件,法官根本不可能为每个案件都找到确定的先例依据。即使法官时间充裕,但那些被提交到法院的案件也是特殊而具体的,其一般性常被特殊性所掩盖。人的视野是有限的,过于关注细枝末节,难免就会忽略那些具有普遍性的因素,就会忽略更重大的真相本身,虽然它就在我们的视野中,但我们的眼睛往往就只看到面前的小东西。这种本就存在的危险,随着判例的增加和混乱,变得更加严重。我们的普通法只在恰当的时候会前进几步或后退几步,这种谨慎本来是它的优势,现在却成为劣势,我们需要经常停下来弄清自己的位置,这样才可以了解每走的一步和整体行程之间的关系。这里有一条线索,那里也有一条线索,各个线索错综交织,从中心向外发散,法官就深陷在这样的网络中无法自拔,除非有聪明的头脑能为法官揭示这个网络结构的秘密,让法官可以高屋建瓴地看清楚整个布局。法学家就是这样的人,法官们的困惑和纠结恰恰为学者发挥作用提供了机会和空间。

一场运动正在开展,让我们不再失去机会。1923年2月,美国法律协会在华盛顿成立,这是第一个由致力于捕获并斩杀法的不确定性这一猛兽的群体组成的机构,其目的在于促进法律的发展。该机构主张在一些经过特别挑选的领域,对法律进行科学、精确的法律重述。首批被选中的法律部门包括合同法、侵权法、冲突法和代理法。随后还会选择其他领域。法律重述的内容包括：其一，完备的、能够对主题尽量做出充分表述的法律原则的概要，这基本类似于戴雪（Dicey）的《法律的冲突》或者斯蒂芬（Stephen）的《证据法文摘》中采用的做法；其二，对于完整理解和实际运用法律原则必不可少的释义、实例和解释，上面提到的两本著作中就有类似的范例。与法律重述相配套，还应该有一部完整阐述法律现状以及充分援引权威根据的专著，它需要分析和讨论所有提出的法律问题，并论证相关原则中阐述的法律的正确性。

哈佛大学法学院威利斯顿（Williston）教授将负责撰写合同法重述以及与之配套的专著，协助他工作的还有耶鲁大学的科宾（Corbin）教授、威斯康星大学的培基（Page）教授、哥伦比亚大学的奥利芬特（Oliphant）教授。宾夕法尼亚大学的波伦（Bohlen）教授将在哥伦比亚的杨·斯密斯（Yong B. Smith）教授、印第安纳大学的赫伯恩(Hepburn)教授、密歇根大学的古德里奇(Goodrich)教授和耶鲁大学的瑟斯顿(Thurston)教授协助下撰写侵权法的重述。在协调好自己与耶鲁大学的劳伦兹(Lorenzen)教授、芝加哥大学的贝格罗(Bigelow)教授、匹兹堡大学的布坎南(Buchanan)教授以及密歇根大学的古德里奇(Goodrich)教授的分歧之后,哈佛大学的比尔(Beale)教授将负责撰写冲突法(the Conflict of Laws)的部分。芝加哥大学的米奇姆(Mechem)教授将负责撰写代理法部分。评论者和顾问的团队尽管还没有确定,但会随着时机的需要及时进行调整和扩充。起草者撰写的重述最初是带有探索性和尝试性的,会被他们的同道、上司乃至整个法学界所讨论和修正,最后才被提交给美国法律协会及其成员。经过审查,如果合格就将被接受,否则退回给作者。最终,在通过了全部的审核之后,法律重述会以美国法律协会的名义发布,就其效力而言,法律重述的效力低于法典,但高于法学专著。法律重述具有一种独一无二的权威性,这种权威性不是来自命令,而是来自于其说服力,它体现了综合性的思想,发出了整合后统一的声音,法学院、司法机关和律师界都对其创建做出了贡献。

对于这股通过重述统一法律的力量,我充满了信心。当然,就像其他值得追求的成功一样,它必须通过其采取的方法来证明自己。若非通过最好的方法完成,它就会失败,也必然会失败。但是,这个计划失败的可能性已经被降低到最小程度了,因为如果连这些人都无法重述法律,那么也就没有其他人能够做到了。但人们不能将法律重述视为有法律约束力的法典,至少在其诞生之初,它所拥有的力量仅仅是其内在的说服力。重述法律是必要的,"不是去压制法官造法的力量,反倒是要去激发和释放它"[6]。"司法过程将要再次起航,但有了新的起点、新的动力和新的方向,我们要做的是为法官松绑,而不是在打碎旧枷锁的同时又给他们套上新枷锁。"[7]毫无疑问,这有一个支撑此种原则和观念的强有力的前提,确保其得到倡导者的支持。在美国法律协会成立的大会上,作为会议主席,鲁特(Root)先生欣然阐释了这一思想:"每个因为考虑到诉讼利益而不得不采纳不同法律观点的律师,都有责任去推翻过去的司法决定。他不需要回到成千上万的判例中去寻找法律依据,这些工作法律重述都已经替他做好了。在重述中并不存在一个结论性的前提,而实际上是一种初步的判断,除非它被推翻,否则法官应以此为裁判依据。"我们知道,如果一个人敢于坚持自己的思想和行动,他就会对普通法的发展做出巨大贡献,肯特(Kent)和斯托里(Story)在他们的时代就做过这样的贡献,而威利斯顿(Williston)和威格摩尔(Wigmore)今天也正在做着这样的贡献。如果没有这些大师的引导,不敢想象这个不完美的世界会失去多少正确的判决,会失去多少对社会有用的成员。他们已经向我们证明了睿智的改良可以为法律带来巨大的收益。既然上述工作依靠个人的努力都能完成,那么,如果不是以个人的名义,而是以整个专业组织的权威来发声,无疑将会取得更大的成就。

我们日益强烈地期待从学者的研究、从法学家而非法官和律师那里获得鼓励和指导。历史学家告诉我们,在古代,德国法院通常遵循这样的做法:"把案卷送到著名大学法学院的教授那里,比如哈雷(Halle)、格莱夫斯瓦尔德(Greifswald)、耶拿(Jena)等人,从他们那里获得专家意见,以帮助法官作出正确的裁判。"[8]在当今法律进化的过程中,我们依然可以看到类似的倾向,虽然与过去不同,但在很多方面存在相似。法庭之外的力量对司法的影响正在年复一年增长,这些力量主要是来自大学和其他研究机构的学者们的评论和意见。现代法学院掌握着批判的方法,在它出现之前,几乎没有什么机构可以让自己的专业意见迅速而高效地在公众中进行表达和引发讨论。当然,律师协会也可能具有这样的能力,但相比之下,他们的反应往往比较缓慢,并带有偶然性。律师们组织松散,为了胜诉终日奔波,因而在法律科学的完善方面不够敏锐。的确,有时候法院会不幸误入歧途,作出错误的判决,久而久之,便会形成一股对司法的敌对情绪。它日渐积累,终会奔涌而出。如果某个案子恰好引人关注或涉及公共利益,那么这种情形就会尤其明显。然而,这类批评和异议通常是松散的,缺乏组织性,属于几乎不被人关注和没有影响的自说自话和喃喃自语,即使能够传到法官耳朵里,也相当缓慢而滞后。直到现代法学院出现,才第一次有了一批时刻守望司法的批评家。

法学教授表达自己批评意见的媒介和载体,就是大学里的法律评论期刊。前面提到的威利斯顿和威格摩尔,他们的作品,就是通过法律评论几乎在一夜之间跻身经典著作之列的。与他们相比,那些研究领域较狭窄的法学家也毫不逊色,他们的作品月复一月地出现在法律评论的专栏中。1915年,威格摩尔在为其"证据法"附录撰写的序言中抱怨:法院似乎并不愿意引述法学家的思想,除非他们的研究成果被印刷成册。然而,即便他们引用这些所谓"有约束力"的成果时,所采用的方式也并不比剪刀加糨糊高明多少,因此这些书册声名狼藉。值得注意的是,在出最后一版的时候,威格摩尔从序言中删除了这段多少带有讽刺意味的话。法官们最终开始意识到,至少是他们中的有心人已经不再完全无视法律评论中蕴藏的瑰宝。最近发生在纽约的一个案子有助于阐释我的观点,即大学在引导司法审判中显示出了巨大的力量。

我们有很多判例是建立在同一个假定规则基础之上的,这条规则是,在强制履行(Specific Performance)中必须存在"救济的相互性"(Mutuality of Remedy),这种相互性不仅存在于裁决时,而且存在于缔约之时。在一些案件中,用弗莱(Fry)和波迈伦(Pomeroy)的话说,在把这个假定规则提升到普遍应用高度的路上走得太远了。我坚信,如果不是因为法学教授的干预,这个规则会通过纯粹逻辑推演的方式被无限扩展,那样事情会变得更糟。同时,法学院教授们会越发忙碌,因为他们要为我们指明去向。艾米斯(Ames)教授在较早一期的《哥伦比亚法律评论》上首先发起了对法院上述做法的批判运动[9],而宾夕法尼亚的刘易斯教授发表在《美国法律备编》上的一系列文章,则从不同角度进一步强化了这一批判[10]。最近,哥伦比亚大学法学院院长斯通(Stone)教授在《哥伦比亚法律评论》上发表文章,指出了法院所采取的做法的危害性。[11]最后,威利斯顿教授在他的学术文集中对各种观点和判例做了归纳总结。[12]不久前的一天,上诉法院在"爱泼斯坦诉格鲁金案"(*Epstein v. Gluckin*)对这个问题进行了全面检讨,以便将其安置在衡平与公正相一致的基础之上[13],至少我希望如此。这段小插曲的意义在于说明法庭之外的力量会对司法裁判产生多大的作用。如果没有艾米斯、刘易斯、斯通和威利斯顿等学者的批判,那些错误的观点不但不会消失,还有可能被坚持,甚至广泛传播。这些错误的观点会从每一个吸纳它的判决中获得新的支持力量。同样不可避免的是,那些逻辑过程和类比推理还会把这些错误引入新的领域。庆幸的是,来自法庭外的批判及时扭转了这一局面。

因此,我确信,这些法律重述在树立法律的确定性和理顺杂乱无章的判例方面所具有的力量已经得到证明。中世纪有一句格言:"如果你手中没有一本阿佐(Azo)的书,就不要走入衡平法院。"[14]现在人们有时候也会用这句话来说明美国法律协会出版的作品的重要性。在寻找其他法律资料之前,我们都会先翻看这些作品,因而,我们不必走得太远。它们的力量和权威会随着时间积累不断增强,并最终击败反对它们的人。即使那些最初反对它们的法院,也会逐渐接受它们,并达成一致意见。不过,我们必须记住两句忠告:首先,我们必须把正确的确定性和虚假的确定性区别开来,就像把真金和镀金区别开来一样;其次,在获得了法律的确定性之后,我们应该明白,确定性并不是唯一值得追求的,我们为它付出了巨大的代价,永远的静止和激烈的变动都具有危险性,因此,我们必须在法律成长的原则下寻求妥协和折中。

如上面我所说的,存在正确的确定性和错误的确定性之分,对称性(symmetry)有的值得我们追求,有的则应尽力避免。我们的法律之所以需要重述,原因之一就是法官们孜孜追求的往往是虚假的确定性而非正确的确定性。他们所追求的确定性,只能保证法律在其自己的辖区和狭窄的法域内保持一致,并不能实现法律与那些跟普通法一样博大、与正义一样深刻的真实性和原则性保持一致。这种倾向非常隐秘,在某种程度上几乎无法避免。具体的判例被奉为结论,因为他们被认为是先例的合理发展。几乎看不到终点,每个新判例都会把法官带得更远,而不久他就会发现自己已步入进退两难的困境之中,他不喜欢自己所处的阶段,但又不愿或不能抽身退出。通过遵循先例,法官获得了法律的确定性,但另一个更大且更重要的确定性却被牺牲了。如果我们用狭隘、片面而非真实、全面的视野去看法律,我们就无法获得后一种确定性。由于人为的、不真实的区分,虚假的一致性往往得以保存。这就如同已经过气的偶像,只能靠客套话和旧礼数给自己保留点荣光。如果我们想要获得持久而非短暂的安宁,就必须具有撕掉伪装的勇气。法律的不确定性当然需要去纠正,但是它的缺陷也需要补救,它们彼此常常交织在一起,对这一方面有效的药方对另一方也同样有效。法律重述一定要剔除那些因为不用而萎缩的器官,以免他们留在社会的机体之内,成为致病的根源。

但是,我的另一个忠告更重要。过分强调法的确定性,有可能导致一种无法容忍的僵化和刻板。如果我们以人类头脑所能达到的最好状态去阐释法律,可能会在一夜之间看到遍地的问题。亚里士多德在其《政治学》一书中说道:"就像在其他科学中一样,在政治学中,想把事情描述得面面俱到几乎是不可能的。法律应当具有普遍性,但人们的行为则总是各具特性、千姿百态。"[15]法律重述可以清理历史遗留的残骸,让我们总结得失,寻找平衡,重新上路。这是一项非常重要的工作。但是,跟过去一样,不断变化的复杂事件将会冲击古老范畴的高墙。"生活中的关系并不能套用固定的模式,这些模式时大时小。"[16]现行的规则和原则可以为我们指明自己所处的位置、方向和坐标。暗夜中投宿的客栈并非是旅程的终点和目的地。法律如同远行者,要为明天做准备,它必须拥有成长的原则。

[1] Pound, *Interpretations of Legal History*, P. I.

[2] Vinogradoff, *Common Sense in Law*, P. 122; Coudert, *Certainty and Justice*, P. I.

[3] Vinogradoff, *Historical Jurisprudence*, vol 2, p.64; *Common Sense in Law*, P. 209.

[4] 把这些对法律确定性的抱怨与300年前巴库(Bacon)在其英格兰法改革建议中的相关内容做一个比较,会是一件很有意思的事。(Bacon, Law Tracts, p. 5)"毫无疑问,我们的法律就其立场而言,受到极大的不确定性的影响,众多的选择、拖延和规避都会影响到法律。并伴随着:(1)适用过程的多样性和长度是巨大的;(2)诉讼当事人全副武装,诚实这一主题则筋疲力尽、备受压迫;(3)法官更加绝对,在疑难案件中有更大的尝试和自由发挥的空间;(4)衡平法院更加拥挤,法律的救济经常是晦涩又充满疑惑的;(5)愚昧的律师掩饰了他们对法律的无知,而这种无知通常会产生很多问题;(6)人们通过专有权、契约和遗嘱对自身土地和房产的保证,经常要受质疑、被掏空,

而且还是不方便的。"

[5] Stone, "Some Aspects of the Problem of Law Simplification," 23 *Columbia Law Review* 319; Salmond, "The Literature of Law," 22 *Columbia Law Review* 197, 199.

[6] 35 *Harv. L. R.* 113,117.

[7] 35 *Harv. L. R.*, *supra*.

[8] Vinogradoff, *common sense in law*, P. 203; Stammer, "Modern Jurisprudence," 21 *Michigan Law Rev.* 877, 878; cf. *the Responsa Prudentium of Roman Law*; Muirhead, *Roman Law*, pp. 291-293; J. M. Gest, "Notes upon Legal Continental Literature," 69 *Univ. Of Pennsylvania Law Rev.* 128, 129; Hadley, *Rome and the World Today* 238, 242, recalling Shakespeare's "Merchant of Venice."

[9] 3 *Col. L. R.* I; *Lectures on Legal History*, P. 370.

[10] 40 Am. *Law Register*, N. S., 270,382,447,507,559; 42 *id*. 591.

[11] 16 *Col. L. R.* 443.

[12] 3 Williston, *Contracts*, secs. 1433, 1436, 1440.

[13] *Epstein v. Gluckin*, 233 N. Y. 490.

[14] Vinogradoff, *Common Sense in Law*, P. 202.

[15] Aristotle, *Politics*, Book 2, Jowett's Translation.

[16] *Glanzer v. Shepard*, 233 N. Y. 236, 241.

第二章
需要一种有助于法律成长的法哲学·法哲学的问题·法律的内涵与起源

现在让我们进入讲座的第二个话题,探讨法哲学的必要性。在这个不友好的世界上,思想家过得并不舒心。人们认为思想家对现实漠不关心,但事实上,他们几乎把全部生命都倾注在对现实的认知和揭示中,现实在不被思想家的探照灯照亮之前,是那样晦暗不明、无从捉摸。但对思想家不利的是,他们是和埋头实干的人生活在同一个世界,比如那些耕田的农夫、建筑工人、远航的渔夫和四处奔走的商人。在沉思默想的时候,思想家在内心自我安慰道:如果得不到自己思想的教化和指导,那些同胞的活动就会失去意义和价值。在所有思想家中,哲学家的命运也许是最悲惨的。他的敌人说:让我们向他扔石头吧,给他烙上耻辱的印迹。马尔伯勒公爵夫人在和伏尔泰争吵时曾说:"我本以为他是个有见识的人,最终发现根本不是这回事,他要么是一个傻子,要么就是一个哲学家。"[1] 普遍真理是很难掌握的,我们大多数人通过努力积累起来的只是一些关于具体事物的知识。执著于追问事物本质的人很难有好下场。越是不懂的人,越喜欢对思想家大加嘲讽,从而显示自己的优越感。

今天,我要自命为法律领域哲学家们的代言人和辩护士,替他们说句公道话。这样并非只是为哲学辩护,在我看来,无论是法理学领域还是非法理学领域,哲学乃是一种对文化价值的追寻,是一种不断探索的兴趣。有了上面的限定之后,我的不自量力才不至于引发非议,也许可以被勉强接受。我想谈论的是哲学和生活的关系,这一点对那些站在法学门槛的学生很有意义。你们往往认为哲学漂浮在高高的云端,但我想让你们知道,哲学其实也可以贴近生活。也许你们觉得,你们本应在旅途中疾行,却不得不停下来奉承哲学,这简直是误入歧途,浪费光阴,但我希望你们相信,你们恰恰是走在正确的路上。在这里,你将找到一把能打开大门的钥匙,而这扇门是粗糙笨拙的工具无法打开的。如果你只是某个专业领域的匆匆过客,你也许会觉得在关于终极概念的理论中没有什么实用的东西。然而,当你面对更高深的问题时,你才会发现,研究终极问题绝非没有价值,相比之下,反倒是其他的研究显得一文不值。[2]

首先,让我们来了解一下法哲学都包括哪些内容,没有必要用一个固定的标准来划定其内容,只要指出它里面包含了哪些必要和根本的东西就行了。这样,我们就回避了法哲学和一般哲学都要面对的概念界定的难题了。温德尔班在其新作《哲学导论》[3]中说道:"当你试图为哲学这个主题下定义时,你会发现哲学家会让你失望。根本不存在一个可以被普遍接受的哲学的定义,因而,任何一次做定义的努力和尝试都是徒劳无益的。"[4]既然定义有风险,那么描述就可以发挥作用了。法哲学可以告诉我们,法律如何产生,如何生长,会向什么方向发展。法律的起源、发展、目的和功能,这些都是法哲学必须讨论的问题。法哲学在描述法律的起源、生长、功能这些问题时,不仅要从法律自身的角度谈,还要把这些问题放到法学整体框架的基础中去分析。如果大家有兴趣对这个领域作进一步的了解,可以去看哈佛法学院院长庞德教授精彩的《法哲学导论》,这本书中没有抽象的概念和复杂的图表,它像辛勤耕耘过的土地上长出的果实,慢慢咀嚼,你会感受到其甜美和价值。

　　法律的起源、生长、功能和法律的目的,这些概念还是显得过于抽象和笼统,与现实脱节,高高在上,难以引起法律领域的游客们的兴趣。但是请相信,事实并非如此。正是这些一般而抽象的概念,指引着法律思维,左右着法官头脑,并在疑难案件中平衡各种因素,决定最终结果。总体而言,在几乎每一个具有一般性问题的裁判中,都隐含着有关法的起源与目的的哲学理论,无论它在其中隐藏得多么深,它都是决定裁决的最终力量。在其运行中,它可能会接受一些观点,修正一些观点,也会抛弃一些观点,但它依然还是自己,依然发挥着终审法庭一样的作用。这些法哲学理论常常缺少连贯性和体系性,似乎支离破碎,东拼西凑。它或前或后,看似随意,可是律师和法官时刻都是被这种法哲学的力量推动着前行或后退。无论如何,它的力量客观存在。因而,如果我们无法回避它,就应当亲近它、理解它。

在讨论这个主题之前,我希望大家先思考一下司法过程的性质。如果没有对各方相互寻求控制和追逐的司法过程的理解,律师就无法呈现自己全部的说服力,而法官也无法实现自己的判断力。而要想分析司法过程的性质,就必然会涉及对法律的起源和生长的分析,必然会涉及对法律功能和目的的分析。我们想用法律做什么,法律是如何产生的?法律产生之后,它是如何扩展和演进的?在缺乏司法先例的时候,法官犹豫不决地站在十字路口,又是什么原则指引他作出方向选择的?需要服从的命令是什么,采取的方法是什么,追求的目的又是什么?这些其实都是哲学问题。如果司法过程是创造性的,而非对规则和先例的刻板套用,那么,每一个判决都会对上述问题做出反应和给出回答。法律哲学可能存在不一致、不合理或者被扭曲,因此,其结论可能也存在类似的毛病,比如违背常理、不准确和自相矛盾,这些问题或多或少都会存在。但是,如果不是这些问题的存在,我们也就永远无法从实践中找到解决问题的办法。

为了我们正在进行的研究,我们首先需要考虑:我们所理解的法律究竟是什么?我们必须先弄清楚法律是什么,或者至少弄明白我们自己所说的"法律"是指什么,然后我们才能了解它的发展。把人类思想之网中的这一小块努力隔离开来,你才能对贯穿于我们知识有机体的统一性的线索有所认识。在思考之初出现的问题,又会不可预知地出现在其他领域,因而我们不得不继续寻求答案。哲学有自己的宿敌,它对停战协议置之不理。几千年来,哲学一直致力于安抚这些敌人,但成效不佳,只能勉强维持自己疆界内的和平。刚刚接触法学研究的新手,当他进入法学的领地,看到已经挖好的壕沟,或许会稍稍平息心中的惊讶和气愤,他会对自己说,至少这里还算个清静之地,没有各家学派喋喋不休的争论扰乱自己的宁静。相互争执的唯名论者(nominalist)和唯识论者(realist)永远都无法进入这块领地获得安宁,而柏拉图主义者和亚里士多德主义者则会在这里称兄道弟。但是,法学新手们的这些想法是不切实际的,许诺的天堂也是找不到的,就在他开始研究之初,尝试对法律进行界定的时候,古代各种学派的竞争就已经呈现在他的面前了。在那些单个判决的律令之外,哪里还会存在法律?我们是否必须放弃对普遍性的追求,而仅仅满足和止步于一个一个的特例?在不断变化的背景下,我们是否能建立起一个实现一致性和真实性的基础?这些问题不是中世纪的研究者提出的,也并非出自阿奎那(Aquinas)之口。但是,法学学生如果想对布莱克斯通有所了解的话,他就必须对这些问题做出回答。他们应记得,这些问题时至今日都对现实产生着一定的影响。他试图安慰自己:这只是研究初期才有的问题,随着研究的深入,当我正式进入主题时,一切都会顺风顺水,宁静与平和很快就会到来。他打开一门关于法人的书,试图了解法人的性质,就会发现唯名论者和唯识论又开始了互相攻击。一方认为,法人只是一个符号或名称,用以指代由男人和女人组成的集合体;而另一派则说,在法人这个名称以及法人的组成人员之外,其实还存在一个"第三者"。时至今日,在法学的争论中还依然保存着在远古时代因为分歧而引发的仇恨。[5]柏拉图主义者和亚里士多德主义者因追随自己领袖所确立的标准而聚集在一起,不同学派在战场上吹起的号角依稀可闻。

我们这里关注的是有关法的本质的各种相互冲突的理论。这些争论很激烈,但其中一部分不过是词语上的争论。一个涵义宽泛、界定不清的术语被不加区别地运用于两个或更多的不同的理论中,由此造成了观点上的抵牾与交锋。庞德院长在其最近的一篇论文中感慨:"'法'这个术语的内涵非常含糊,有时候我们用它指代法院在特定时间和特定地点审判时援引和适用的法律规则,有时候用它来指代这些法律规则的来源,有时候又用它来指代批判这些法律规则的法律学说和历史传统。"[6]有些法学家试图将法律的含义限定在第一层意义上,而拒绝将其延伸到第二层意义上,这种观点最后会发展成一种否定一切法律存在的怀疑论和法律虚无主义。照此逻辑,所谓"法律"不是一个具有普遍适用性的法律整体,而仅仅是一些约束具体当事人的孤立的判决,这些判决在获得法律效力的同时,也会立刻失去其法律的性质。我曾经在其他场合对此问题做出过更充分的阐释。[7]我还指出,关于法的性质和起源的变化多端的理论观点,是如何导致了司法判决的变幻莫测、不可捉摸。比如,一个当事人已经执行了州最高法院的一份判决,但据以作出该判决的法律是无效的,因而该判决被推翻了,如果当事双方把争议提交到同一法院,那么,在判决被推翻后,他们拥有什么样的法律权利呢?你会发现,除非求助关于法的一般性质讨论的法哲学论著,否则你很难找到解决上述问题的办法和答案。那些曾经困扰欧陆法学家的难题和困惑,我们已经不必去面对了。我们不用再花笔墨和篇幅去论证"Gesetz"一词的含义跟"Recht"并不一致[8],"la loi"的含义要比"le droit"狭窄的多[9],而法律不仅仅只是指成文的法律法规等。我们之所以能够避免这些麻烦,是因为在我们的司法过程中存在一个类似于司法造币厂的机制,它将各种行为模式铸造成"法律的货币",然后使其在法律的王国里自由地流通。但在这个阶段到来之前,依然存在强制力的因素。人们平静而安宁地做着自己的事情,打理自己的生活,虽然他们据以获得指引或启迪的原则、规则和行为标准并没有得到判决的认可,甚至有可能也得不到成文法的认可。似乎只有在有了法院明确的判决,有了永恒的确定性之后,我们才会到达真正的法律的阶段。

如果你们问我,当一个原则、规则或者行为标准尚未被赋予"法律"的称谓,尚未被司法判决所确认和体现,那么,它具有多大程度的可靠性?我只能用一种观点来回答——这个观点我还会在后面详细阐述,那就是,像其他社会科学的分支一样,法律上的结论的有效性只能用概率逻辑(the logic of probabilities)而非确定性逻辑(the logic of certainty)来验证。当达到一定的概率和程度,足以让人确信一个判决应当且必须包含某个既定的结论时,这个结论就可以被称之为"法律",即使这个判决尚未作出,或者这个判决作出后会令人大失所望。我认为,琢磨一下"法"这个词的用法是一件有意义的事,它强化了以下两方面的相似性:一方面是现实法和关于秩序的原则,这是法理学所关注的对象;另一方面是自然法和道德法,这是伦理学所关注的对象。钟摆在两者之间摇来摇去,但今天法理学的趋势更重视两者之间的一致而非差别。[10]

但事情并非一开始就如此。很久以前,我在法学院念书的时候,学者和教授们特别热衷于两种法的对比,一种是真正的法,另一种是乔装打扮的法,它们充其量只是法的比喻或类比而已。那些真正的法才是我们研究的对象,除了在成文法和判例之中,在别处我们几乎找不到它。对于真正的法而言,法官就是它的化身,而法院的裁判就是检验其是否存在和真实的标准。比喻或者类比意义上的法仅仅只是一种秩序的原则(the principles of order),如果我们愿意,最多可以把他们视为真正法的亲戚,但却带有一种对待穷亲戚的居高临下的感觉。是法律在指导着行星庄严的运转,这一说法无害于迎合他们并满足着他们的自豪感。但我们应该时刻牢记,穷亲戚应当明白自己的身份,以一个远亲的标准约束自己的行为。人们认为,潮起潮落、月圆月亏、四季变化,都有其内在的规律,并将此与司法审判中的规律性相提并论,但两者之间并不具有可比性,自然界的规律与人们对司法进行细致观察后得出的规律是不应混同的。与那些阐释"反欺诈法"第四节和第十七节的相关裁决相比,春分、秋分与昼夜交替的规律性要更加深刻与明显。如果法律评注中缺乏逻辑自洽,还可以通过其他东西加以补充。或许司法评注中还充斥着某些不和谐的内容,但我们也会因为这样的保证而感到欣慰:至少在其中还包含着更重要的东西,它具有法的品质。

岁月的累积,并没有让我获得更多的智慧,但至少开拓了我的视野和眼界,原先那些似乎清晰明显的界限,其实昏暗难辨,防水舱的厚墙也并非坚固和密不透水。尤其是,我开始认识到,在作为秩序原则的法和国家创制的真正的法之间,其实有着更为密切的关系。我过去以为,前者只是名义上的法,而后者通过行政及司法等国家机构发挥着真正的法的作用。过去我曾认为,上述两种法之间只有很远的亲属关系,他们可能会溯源至一个共同的祖先,但那是很久远以前的事了,以至于他们之间的血缘关系几乎模糊、疏远到可以忽略不计。但现在我却相信,这两种法之间关系亲近,即便不是亲兄弟,至少也是堂兄弟。

法律不只是一个个孤立的判决,当纠纷被提交到法院时,法律会出面解决这些纠纷,发挥法律的作用。"一般性的法律学说和传统"也应当属于法律之列,我们依据它们作出裁判,同时也依据他们对裁判进行评价。之所以把"一般性的法律学说和传统"列入法律的范畴,不仅仅因为它是我们研究的主题,还因为它对法官的自由裁量权的约束不光是建议性的,而且多少具有强制性。无论如何,如果不能把它称之为"法律"的话,那么就必须用另一个词来表示它,然后我们需要把主要的兴趣转移到这个问题上来。对法学院的学生来说,判例是很重要的,通过研究判例,他们会产生一种合理的预期:类似的案件,会得到类似的判决。这样一来,对法律的学习,似乎也就成了对在前判例和新案子的一致性中所揭示出的秩序原则的学习。当这种一致性积累和稳定到一定程度,使人们可以产生合理预期的时候,那么这里就算存在着法律。事实上,这些说法可能会特别具有说服力和相当令人信服,以致我们会说:若一个判例让我们的预期落空,那么它就是"荒谬的法律"。不过,霍兰德(Holland)却警告我们:"荒谬的法律"是一个非常不恰当的说法,法律就和语法一样,是至上和权威的。我们也可能会大胆地做出新的预测,错误的判决只会暂时流传,它迟早有一天会被推翻。另一方面,有可能存在这样的情况:一致性并不稳定,类比推理疑点重重,原则和传统指向不明,在这种情况下,我们就无法预知会有怎样的结果,因而,我们所能做得最多也就是进行论证和提供建议。有时候,要确定一个过程转变到另一个过程的临界点,无疑是很困难的一件事,纯粹的假设会在何时转变成法律原则或法律规则,而法律原则或法律规则何时又会被揭去神秘的面纱,变成破碎和废弃的假设?依靠或然性逻辑(logic of probabilities),我很难做得更好,只能在具体事例的引导下说出我的想法。

相互承诺会产生一个契约,而违反合同则会产生一方要求另一方赔偿的权利,这在今天被视为是一个法律规则。但要知道,这并非向来如此。[11]这个规则是通过下面这个案子确立起来的。[12] 1588年"斯特朗博罗诉瓦纳案"(Strangborough v. Warner, 4 Leon 3)的判决作出之前,在英国的法律中,一直缺乏关于合同的系统而完整的权威阐述。在这个判决作出之前,我们根本不敢理直气壮地说:存在着预先就有的法律原则或规则可供法官引申和适用。事实上,是法官们创造了这个规则,并通过此后创造性的适用赋予它以法律效力。假设今天有一家法院拒绝接受斯特朗博罗案的判决,坚持认为这里的契约是无效的,那么,该裁判可能就有滥用权力和明显错误的嫌疑。但是,除非该裁判被上级法院推翻,否则它对当事人依然是有约束力的,它向当事人宣示了法律。既然在我们面前存在着这种可能性,既然法院手里的权力会让我们对案件的预期落空,那么,为何我们依然会很有把握地宣布,这个判决作为对法律的阐述还是会被当事人接受呢?我们之所以会这么做,是因为对无数判例的观察让我们有了一种确信:这个规则可以被作为法律实施,因为政府机构就是这么做的。在自然界,我们可以把某种持续而稳定的一致性称为"自然规律",同样,对于在政府行为中表现出来的一致性,我们可以将其称之为"法律"。*

现在让我们来谈谈更有争议的一个案例。一个在交通事故中受到伤害的车主把汽车制造商告上了法庭,但他的车不是从制造商而是从其他人那里买来的,他之所以选择起诉制造商而非销售者,其主张的理由是汽车在制造过程中存在疏忽和过失,而"合同关系不涉及第三人原则"(Privity of Contract)并不影响自己起诉制造商。在1916年"麦克佛森诉别克汽车公司案"(*Mac-*

---

* *Cf.* Vinogradoff, *Common Sense in Law*, pp. 206, 207. 美国法理学家富勒(Lon L. Fuller)在论及"法律的内在道德时,阐述了构成这种内在道德的八项基本原则,其中一项原则就表现为"官方行动和法律的一致性"。见〔美〕富勒:《法律的道德性》,郑戈译,商务印书馆2005年版。——译者注

Pherson v. Buick Mfg. Co., 217 N. Y. 382)作出判决之后,纽约州的法律就对原告的请求持支持态度。但是,在别克公司案的判决作出之前,法院是怎么处理类似案件的,是否存在着关于这一问题的法律规定呢?纽约法院和其他法院已经作出了大量多少与本案相关的裁判,因而,存在着一批可以从中引申出法律规则的具体判例。但是,这些判例的含义又是非常模糊不清的,这一点从裁判过程中存在诸多争议就可以看得出来。因此,能否说法律先于裁判而存在,这取决于对法院判决与现存法律原则、先例之间关系的变化如何评估。

让我再来说说另一个更为扑朔迷离的问题,这涉及在法律空白之处作出判决[13],或者通过一个新判决推翻旧判决的问题。[14]"克莱恩诉马拉维拉斯案"(*Klein v. Maravelas*)的判决认定货物批发行为是有效的,这就推翻了此前认为其无效的判决。"人民诉施温勒出版社案"(*People v. Schweinler Press*)的判决认定限制女工劳动时间的法律是有效的,这也推翻了过去与之相反的判例。"爱泼斯坦诉格鲁金案"对此前判决中将相互补偿作为公平救济条件的做法进行了限制,这等于是承认了以前针对法院的批评意见。上述这些判决,有的对先例进行了修正,有的直接把先例推翻,他们通过借助司法的或者学术的观点实现了这一目标,展现了与旧判例意见相左的一致性。错误的观点被正确的观点所取代和修正,通过法院对法律原则内涵的具体表达,法律的品质得到了保存和延续。

现在我们必须指出,在所有案件中,都存在着人们的预期与结果不相一致的可能性。一个案子和另一个案子的区别仅仅是程度上的不同,其实也应当如此。法院有可能否定自己从前的决定,把似乎稳定的东西拆掉了重来。也有可能因为粗心、疏忽或者偶尔出现的腐败,使得法官对已经确立的规则视而不见或者予以滥用。我们说某个原则是法律,乃是因为存在着一种预期的力量或可信度,使我们相信这个原则能够及应当在司法审判中得到遵循。即使具体案件的结论存在争议,就像别克汽车公司案那样,但判决是从具有强制性的原则和规则中引申出来的,这一点毋庸置疑。司法审判绝不漫无边际地流浪,不会凭其喜好随心所欲地得出这样或那样的结论。那些制约着司法裁判的原则和规则就是我们所说的"法律"。我们可能无法从这些原则和规则中得出完全相同的结论,就像法院在将其适用于不同案件也不会得出相同的裁判一样,但是,就其作为前提存在而言,则不存在争议。我们会在这一观点上达成一致,即这一套原则和规则体系可以被视为法律,它具有合理性和可预测性,从而使得我们相信,它可以成为我们裁判案件和进行讨论的法律基础。当我们对法律的这种预期达到较高的确定与可靠程度时,我们就可以说法律是稳定的,哪怕这种稳定是表面的,哪怕还存在着预期错误的可能性。当我们的预期达不到这样的程度和标准时,我们就说法律是不确定或有疑问的。而如果预期很不稳定,那么法律也就不存在了,这时候无论如何我们都要通过积极的造法行动使其重获生命。

我是在看到吴经熊博士*写的《霍姆斯大法官的法哲学》[15]这篇有趣的文章之前写下这些文字的,你们会发现,我的想法跟他们的非常接近。霍姆斯说道:"我所说的'法律',就是对法院实际要做什么的预测,除此之外,再无其他含义。"[16]吴经熊博士对这句话做了更加

---

* 吴经熊是民国时期最有影响力的法学家之一。他1899年出生在商埠宁波一个殷实之家,中学毕业后进入上海沪江大学学习自然科学,在此认识和结交了挚友徐志摩,并在徐的鼓动下到东吴大学学习法律。1920年赴美留学,入密歇根大学法学院深造,一年后获得法律博士学位(J. D.)。此后,他又访学、任教于法国巴黎大学、德国柏林大学和美国哈佛大学,结交了西方著名法学家施塔姆勒、庞德和霍姆斯等人,尤其是美国联邦法院大法官霍姆斯,他与吴经熊之间亦师亦友的忘年情谊,成就了近代中西法学史上一段佳话。——译者注

敏锐和独到的阐释:"事实上,法律就是一种预测。与其说它像萨尔蒙德(Salmond)所说的,即法律是由获得认可和现实存在的规则组成[17],倒不如说,它是由可能会被法院认可和执行的规则组成的……从心理学的角度讲,法律是一门典型的关于预测的科学。它所关注的主要是人们未来的利益。人们孜孜研究案例,倒不是其中有多少乐趣,而是为了预测在未来出现案件纠纷时法院会如何裁判。的确,人们在法律的仓库里不停寻找以往的案例,但归根到底,他们都是带着这样的目的,即寻找足够的理由,使人相信未来法院会这样或那样行动。"对法律上的权利和责任的分析,同样是在对法院未来行为进行预测。霍姆斯说道:"从法律的目的来看,所谓权利,不外乎是一种预测性的假设,是一种支撑如下事实的想象:如果有人侵犯了别人的权利,公共权力便会被引入以对付他。这就像通过万有引力可以解释物体在外空的运动一样。"[18]"所谓的法律责任无非是指这样一种预测:如果有人做了不该做的事,或者没有做应该做的事,他会受到法院的裁判,以某种方式为自己的行为付出代价。"[19]

我很清楚,法律中存在着一些含糊不清的东西,这让一些人感到失望,因为他们所追求的乃是明确的分类、清晰的划分,各个部分都有标记,让人一眼就能看清楚。很多人执著于此,但结局注定令人沮丧。我不想在这里讨论真理本身的意义[20],绝对而客观的真理也许确实存在,但人们毕竟只能通过它在特定条件、特定关系中的表现去认识它。是否为真理,实用主义至少是一条可以检验其存在与实效的可行方法。[21]既然哲学没有能够探究到物质的奥秘,没有告诉我们物质的特性何在[22],那么,我们也就没有必要对此大惊小怪,哲学依然身陷抽象思想的产物之中,与宇宙万物及其内容、特性进行着无休无止的纠缠。[23]在这些主导着司法裁判的一致性背后,我不想深究是否还存在着另一些更高级、更广泛的东西,它们与社会秩序、权利规范和公平正义相互关联,而那些较低级和较狭窄的一致性想要有效和持久,就必须与这些上位的内容保持一致,以他们为效仿的楷模。这些法的形式与模型,除非它们与法律或判决保持一致,否则我怀疑还能不能把它们称为法律,尽管在狄骥(Duguit)等人看来[24],不论法规还是判例,只有在它拥有了法的品质且表现出法的精神时,才可以被称之为法律。狄骥写道:"随着年龄的增长以及对法律问题研究的日渐深入,我越来越相信法律并非国家立法的产物,它无需国家而存在。法的概念完全在国家之外,法律也约束着国家,如同它约束着个人一样。"[25]在他看来,法律义务不是一种"规范个人意志的义务,而是一种纯粹社会性的义务。也就是说,法律义务具有这样的一种属性:如果它不被全面履行,社会群体各组成部分之间的关系就会失衡,由此会导致一种社会反应,即一种恢复社会平衡的自发努力"[26]。这样的思考或许非常有趣,但毕竟与我们的研究主题不相吻合。即使存在着以国家主权为依托的法律,即使政治家和道德家对这些法律多么重视,但这也不是法官和律师所关注的法。

法院是国家及其权力的产物,因而,法院要想存在,就必须服从国家创制的法律。[27]狄骥看来也认可这一点,他在"规范性规则"(la règle de droit normative)与"建构型规则"(la règle de droit constructive)之间做了区分,这等于将其全部理论抛到一边。当然,他的这两类法的区分,政治学和伦理学的研究者并不会认同。当组成社会群体的成员理解并承认,违反规则的人会因其行为遭受到社会有组织的反击和惩罚,这时候才算存在着"规范性规则"或裁判规范。[28]"建构型规则"是为了在最大程度上保证规范性规则的实施和应用而确立的[29],它表征着国家的存在。[30]狄骥写到:"我们的制定法很大一部分是由建构性规则和技术性规则组成的,这意味着其背后必然存在一个或多或少还算发达的政治组织。这些法律实际上是为政府机构及其公务人员制定的……虽然这些法律笼罩着国家的光环,但其内容可能是来自习惯的,这些法律对国家机关及其官员均具有约束力和强制性。"[31]这些规则不过就是一个社会里占主导地位的习惯和信仰,然而法律要想在其实施的过程中赢得尊重和威望,就不能忽视这些规则。[32]狄骥接着说道:"我当然承认,一个逻辑自洽的、独立于使其得以实施的外在工具的司法规范,只是一种主观想象,而非客观存在。无论是在蒙昧社会还是文明社会,人们都会很难找到能够脱离习惯法或成文法所创设的法律工具的规范。你也许会说,在罗马法中不是存在着'不完全法'(leges imperfectae)吗?但要知道,这类规则很罕见,而且它们也要以某种方式获得习惯法或成文法间接的认可与批准。不管怎样,规范性规则几乎总是被建构性规则所包裹着的,建构性规则可以创设一种组织,有时候相当原始,有时候又很科学、很发达,它通过某种机制或方法,直接或间接地批准和认可那些源于规范的积极义务或消极义务。"[33]规范性规则如果被建构性规则所压倒,即失去其优先地位,那么在律师和法官看来,它就不再是法律了。他们只能停留在一种"总有一天它会获胜"的想象里,直到它取得胜利的时候,律师和法官才会重新把他们当做法律来对待,而国家也才会通过法院和其他机构对其予以支持。

通过上述方式确立起来的原则或规则旨在证明一个确定的预期:如果一个规则或原则的权威受到挑战,法院就会把它付诸实施,那么,这样的规则或原则才是符合我们研究目的的法律规则和法律原则。说到原则和规则,我把另外一些行为规范和标准也纳入其中,这些规范和标准虽然没有得到成文法或法院判例的正式宣告[34],还不算是严格的法律,但它们却是最有可能会被法律和判决所接受和遵循的一些类型或模式。当然,它们并不具有凌驾于国家机构之上的力量。这些行为规范和行为标准植根于习惯方式和商业方法之中,植根于公平正义的主流信念之中,植根于形塑一个时代道德、风俗的信仰和行动之中。它们也许尚未得到官方的认可[35],但我们有理由相信,一旦时机成熟,它们迟早会被官方接受和认可。[36]除非我们的期待落空,否则的话,这些得到认可的标准、规则或原则就会转化为法律,约束我们的言论和行为。在对稳定性的合理预期中出现的一致性,就是应当服从的一致性。

这种探索并非仅仅是为了锻炼我们的思辨能力。我相信,在任何令人满意的关于生长的哲学深处,都存在着对生长结果会是什么的认识,即一种关于起源和诞生的哲学。我们一定要摒弃下面这类极端的认识:法律是固定的和不可改变的;法官给出的判决并不包含着某种试探性的猜想,它乃是对法律的一致性和归纳出的内在秩序最为接近的表达,换而言之,它具有某种先验性;法官的审判是一个发现的过程,不应该掺杂任何创造性的因素。英国的布莱克斯通就是这种极端观点的杰出代表人物。与此同时,我们也要尽力避免另一种极端观点,这种观点即使不是奥斯丁提出的,至少也是对他理论的一种阐述,或者是他的继承者发挥出的一种曲解。这种观点认为:法律由一系列孤立的判决组成,只有特殊性,不存在一般性,原则可以被弃而不用,而个案则应被奉若神明。虽然原因不同,但所有极端观点都有一个共同的趋势,那就是扼杀司法中的创造性因素。一方宣称,司法中根本不存在什么创造性的内容;另一方则教导说,已有判决就意味着终结,而法官们的任务就是照着它不断复制。"遵循先例"被奉为至高原则,先例就是一切,在它之后和之外根本不存在法律。因此,让我们向司法先例顶礼膜拜吧,已有的司法成果具有独特的意义和重要性,我们除了要把它作为分析问题的论据,还要以它的逻辑内涵作为推动我们前进的唯一工具。

在上述两种极端理论中间,我们所秉持的观点是:

法律是一个由规则、原则和行为标准组成的有机整体,当面对新的案件时,需要对它进行梳理、筛选和重塑,并根据特定的目的加以适用。这是一个试错(trial and error)的过程,试错的过程产生判决,也会赋予其自我创造的权利。

---

[1] Quoted by Strachey, *Books and Characters*, P. 125.

[2] Cf. Tourtoulon, *Philosophy in the Development of Law*, vol. XIII, Modern Legal Philosophy Series, Professor Cohen's Introduction, p. 24.

[3] *Introduction to Philosophy*, by Wm. Windelband, Translated by Joseph McCabe, p. 20.

[4] *Cf.* Wm. James, *Some Problems of Philosophy*, p. 29; Royce, *The Spirit of Modern Philosophy*, p. 1.

[5] Saleilles, *De la personnalite juridique*; Vinogradoff, *Common Sense in Law*, p. 77; Barker, *Political Thought from Spencer to*

Today, p. 175; Maitland, Introduction to Gierke's *Political Theories of the Middle Age*, XVIII; Maitland, *Coll. Papers*, 3, pp. 304, 314; Buckland, *Roman Law*, pp. 175, 176; Henderson, *The Position of Foreign Corporation in American Constitutional Law*, p. 3. "这个问题以及其他很多问题都是建立在逻辑学、伦理学、经济学和政治学的基础之上的。"见巴特勒(Nicholas Murray Butler)在海牙的演讲"国际心理的发展",July 20, 1923, vol. IX, *Am. Bar Assn. Jour.*, p. 520.

[6] Judge Holmes's "Contribution to the Science of Law," 34 *Harv. L. R.* 449, 452.

[7] *Nature of the Judicial Process*, p. 126.

[8] Ehrlich, *Grundlegung der Soziologie des Rechts*.

[9] Duguit, *Traite de droit constitutionnel*.

[10] Cf. Charmont, *Renaissance du droit naturel*.

[11] Holdsworth, *History of English Law*, vol. II, p. 72; Ames, *History of Parol Contracts Prior to Assumpsit*, III Anglo-Am. Legal Essays 304.

[12] Sweet, *Foundations of Legal Liability*, vol. II, p.55.

[13] *Hynes v. N. Y. Central. R. R. Co.*, 231 N. Y. 229.

[14] *Klein v. Maravelas*, 219 N. Y. 383; *People v. Schweinler Press*, 214 N. Y. 395; cf. *Epstein v. Gluckin*, 233 N. Y. 490.

[15] 21 *Mch. L. R.* 523, 530, March, 1923.

[16] 21 *Mich. L. R.* 530, citing Holmes, *Collected Paper*, p.173.

[17] Salmond, *Jurisprudence*, p.9, 4th ed.

[18] 21 *Mich. L. R.* 530, citing Holmes, *Collected Papers*, p.313.

[19] *Collected Papers*, p.169.

[20] James, Pragmatism; James, *The Nature of Truth*.

[21] 至少在这个意义上,我们可以像孔德那样说:"与此相关的只有这一条绝对原则(Tout est relative, voila le seul principe absolu)。"Windelband, *Introduction to Philosophy*, p. 38; cf. *ibid.*, pp.45,179.

[22] Windelband, *supra*, *pp.* 52, 55, *et seq.*

[23] Windelband, p. 186.

[24] *Cf.* H. Krabbe, *The Modern Idea of the State.*

[25] *Traite de droit constitutionnel*, 2d ed., vol. I, P. 33.

[26] Vol. I, p. 20; cf. pp. 87, 88.

[27] Cf. Sabine & Shepard, Introduction to H. Krabbe's *The Modern of the State*, p. xlv.

[28] *Traitè de droit constitutionnel*, vol. I, p. 36; also p. 41.

[29] *Ibid.*, p. 38.

[30] *Ibid.*, p. 39.

[31] *Ibid.*, p. 41.

[32] A. R. Lord 对这个问题有过很精彩的阐述。详见 A. R. Lord, *The Principles of Politics*, pp. 69, 70, 81, 91, 193, 197, 278, 295. "国家并不创造伦理学意义上的善或正义,有时候,它只是因为害怕战争和革命而不敢否定正义。主权本质上是一个权力的问题,不存在不受限制的人的权力。*Carino v. Insular Government of the Philippine Islands*, 212 U. S. 449, 458. 从主权必要性的角度讲,任何受法律约束的也是受国家意志约束的。

Kawananakoa v. Polyblank, 205 U. S. 349, 353."(Holmes, J., *in the Western Maid*, 257 U. S. 432). Cf. Haldane, *The Reign of Relativity*, p. 378.

[33] Vol. I, p. 134.

[34] Ehrlich, *Grundlegung der Soziologie des Rechts*, p. 368.

[35] Holland, *Elements of Jurisprudence*, p. 54.

[36] *Cf.* Ehrlich, *Grundlegung der Soziologie des Rechts*, p. 8. 关于习惯被法院认可并赋予法律效力的事例,可参考:*McKee v. Gratz*, 260 U. S. 127, 136, and *Walker v. Gish*, 260 U. S. 447,450.

第三章
法律的成长及裁判的方法

　　阐述了法律的起源之后,我将论述法律的成长。接下来我打算把讨论的范围仅局限于"通过司法的法律的成长"。当然,法律亦可通过立法而成长,但是立法并不是我所熟悉的领域。当不断变化的个案使得对法律的阐释和扩张变得必不可少时,法官们究竟是怎样将统一规范体系——也就是我们所说的法律——进行发展和扩张的呢?对法官而言,手头是只有一种办法,还是有着多个解决之路呢?假设方法并非唯一,那么诸多方法之间存在着怎样的差别?若要在其中做出选择,又得遵循什么样的原则呢?对上述问题作全面的了解,不论对法官还是律师来说,都是非常重要的。我承认,我也是上了年纪之后才感受到这件事情的重要性。当我还是执业律师时,我会试图寻找到相关权威资料的支持,从而把它直接套用于手头的案件。也就是说,一旦我确信它与本案有关,就不会再花心思去考虑它是否准确。在面对失败和挫折时,我实际上有一种盲信的态度,即如果该权威依据已经和个案建立了某种联系,且确实真正适用,那么法院就应当一直遵循,直到它逻辑推演的尽头。虽说因此而遭受到一定的阻碍和挫折,但我依旧对此颇有执念。后来,与我预期完全不同的、反复的失败经历,让我不得不咀嚼悲哀的苦果,领受盲信带来的教训。尽管如此,我仍然单纯地认为,大约是它们迷失了道路,或是因为疏忽而读错了路边的标识;我迷茫地游荡着,没有坚定信念去有意识地踏上未知的大陆进行探险。当我成为一名法官后,同样的问题在我面前却显露出了全新的面貌。我发觉,创造性的因素比我想象中要大得多,大道之侧有着许许多多的岔路口,而路边的指示标牌也很不完整。庞德指出:"我们没必要相信,法官们凭空就编出了法律观念,构建了法律制度。除非是出自全能神祇的手笔,否则创造不可能会是完全的无中生有。创造性的活动是在收集材料,将它们组织起来,给予它们形式,使其可以用于他们在成形之前所不能适用的地方。"[1]当然,对某些案件来说,是有一条路,也只有这么一条路可走。这些案件是在法律已经明确、稳定的领域内的案件,解决它们的途径没有什么争议。它们的判决如流水线上产品的制造,人们对此无法产生兴趣。其他某些案件,却意味着存在极大的选择可能性,它并不是那种两者必择其一的简单选择,比如说一个可能完全是正确的,而另一个几乎就绝对错误。它是一个能够极度精巧地平衡选项的选择,即一旦公布选择的结果之后,等于同时又公布了一个新的正确和新的错误。当然,我并不是说,即使是这些案件中,选择的倾向也是盲目或随意的。这种平衡并不是固定的,更像是处于来回摇摆之中,但这并非是法官受到了头脑中幻想念头的干扰,而是因为理性的影响。做出选择的法官,即使他们对此选择的确信程度有所不同,但都相信自己所做出的选择乃是出色而睿智的。即便如此,在法官的脑海中,一直存在一种确确实实而非停留在名义上的选择。如同面前有两条畅通的道路,却指向了不同的目的地。如果说其中一条岔路上有一块上书"禁止通行"的路障,两条道路分岔的事实对他而言也并没有就此消灭。他必须集中他的智慧,鼓足他的勇气,选择其中的一条路走下去,并且祈祷路上不会跌落陷阱、陷进泥潭或步入黑暗,而是一路走向安全、开阔和光明的前方。

威廉·詹姆斯(Willian James)在其有关实用主义的著作开篇就引用了切斯特顿(Chesterton)的名言,指出人最重要的莫过于他所信奉的哲学。[2]关于法官的工作,我思考得越多,就越是赞同这种观点,这一观点并非对世人皆适用,但至少对法官来说颇为符合。当然,这样的一种主张很容易产生误读,尤其是过度的引申往往将其扭曲为谬论。无知或者懒惰犯下的错误,很容易被这类概括轻描淡写地掩盖。那些不愿研究法律之本质的律师也许会发现,正如他们所想的那样,这样的研究是不必要的,敏感、仁慈或其他一些关于社会福利的模糊概念,成了他们唯一需要的装备。毋庸多说,这不是我的观点。没有什么东西能够取代昔日智慧的先贤们所积累和发展出来的严谨、精确而深刻的法律研究成果。这些研究成果,就是我们铸造器物的原料,如果缺乏这些基础,任何哲学都不能取得成就,就如同手头没有黏土的雕塑家,光有美学理论是无法雕塑出作品的。那些真正呈堂上庭的案件中,十分之九或许更多,乃是早先就确定好了的。也就是说,这些案件的判决是必然的——从生到死,他们都注定了要和那些无法规避的法律相伴。如此,法官自由裁量的范围就相对较小了。在这种情况下,过度强调法官的自由裁量权,很容易将其过分夸大。但这些领域正是司法职权获取其最大机遇和最大能量之所,同时也是司法过程中最为有趣的部分。那么,在这些领域,如果拥有自由选择的可能,法官该如何引导选择?完全的自由,即无拘无束、没有方向的自由,从来都是不存在的。即使在我们自认为自由和无羁的时候,我们也是被各种各样的约束和限制包围着,有些来自法典,有些来自于先例,有些则来自于模糊的传统或古老的技艺。专业意见的不可捉摸的神秘力量,像大气一样时刻压迫着我们,哪怕我们意识不到其重量。无论如何,我们拥有的自由是非常有限的。我们该怎么做,才能利用这种有限的自由,最大可能地为人类服务呢?

大约一年前,根据自己对司法过程的观察,我十分草率地发表了名为"司法过程的性质"的讲演。在这些讲演中,我尝试划分出四种法官们应当遵循的力量和应当适用的方法。这样的划分,正如我特意指出的那样,其界限也是存在着一些模糊和重叠的[3]，但就其粗略的分类而言，它大致是有益甚至可能是充分的。如今，按照省心省力的原则，我仍然坚持这样的划分，因为遵循现成的分类总比开辟出新路轻松得多。如此来做，我会踏着我的前辈们的足迹前行，分析起来，所谓现成的依据，正是来源于先例的力量。我之前所说的四分法，具体包括：逻辑或类比的力量，其提供的是哲学的方法；历史的力量，提供的是历史或进化的方法；习惯的力量，提供的是传统的方法；正义、道德、社会福利的力量，以及当代的风俗习惯，提供的是社会学的方法。毋庸置疑的是，当逻辑的方法和其他三种方法对立的时候，逻辑的方法肯定会遭受批评。但在现实中，逻辑是其他任何方法都无法忽略的一种工具。[4] 真正决定逻辑方法价值的，是其前提的本质。我们可以将已经建立的概念或原则或先例作为我们自己的前提，也可以通过纯粹推理的努力来强化之，直到其最终的发展形态——也就是抵达其逻辑的边界。我们可能通过引述外界资源来对这些概念、原则或先例作补充,并且将我们的逻辑工具运用于这些经过调整和修正的前提。某一案件和另一案件在逻辑功能方面的区别,实际上是侧重点不同的结果。逻辑工具一方面可以被视作是成长的充分空间,另一方面则可以被看成是有利于合作的平台。划分的原则不在于性质的差别,而在于程度的差别。有了这样的一种限定,四分法的分类就与现实有了足够的对应,从而提供了划分的基础。只有这些方法得到重视,功能有了适当区分,结果得到公正评价,只有建立起一种指导着方法选择的标准时,司法的过程才算实现其合理化。或许我们会发现,考虑到当今时代的种种变故,实现司法过程完全合理化的想法必定是无望而徒劳的,但这并不构成我们拒绝尽力而为的理由。

如今,致力于研究法律发展和成长的法哲学,其主要任务在于对疑难案件裁决中事实上起主导作用的力量和方法进行分析;致力于研究法律的功能和目的的法哲学,其主要任务就是确定在各种方法中做出选择的标准。就其研究对象的本质而言,对后者的研究会是更加微妙和难以捉摸的。若把司法过程看做是混合、调配的工序,那么调和各种材料的配方暂时还没有被发明出来。或许,本来就无法制作出这样一种配方,它最多也不过是某种提示、说明或建议。但是,就算我们永远也达不到最终合成的阶段,分析配方的过程也是值得辛苦和投入的。仅仅认识到这样一种事实,在司法过程中,有着不止一种解决方案,有不止一根的琴弦可以拨动,这本身就是一大进步,相当于我们在通往救赎的道路上又迈进了一大步。在征得了鲍威尔(Powell)教授的同意后,我从他的私人信件中引述这样一句话:我们必须"传播这样的福音,即告诉人们,没有任何福音将拯救我们免于每一步选择的痛苦"。[5]有些时候,遵循先例会产生或显严厉、或显怪异的结论,和社会需求背道而驰。

法律摆出一副学究的面孔,脱离了生活现实。在这样的关键时刻,法官必须秉持这样的信念,即他们需要做出方法上的选择,从而形塑自己的判决。我这么说并不意味着整个法律部门都是执著追求一种方法而排斥其他方法,实际上方法相互之间的影响是不可避免的,甚至是在无意识中发生的。我的意思是说,如果想要创立或从旧规则中引申出新规则,所要适用的特定法律依据应该是预先就已经确定好的,除非你已经准备要将它作为强制性的法律规则。几个世纪以来,我们没有把握好曾经可供试验的机会来调整我们的方向,我们不知道我们应当面向何方。法官有时候是在没有给他们任何选择机会的冷酷逻辑的压力下,不得不一次又一次地得出无情的结论。他们对这种牺牲了正义的仪式深感遗憾,但他们依然执行了这样的仪式,眼神躲躲闪闪,在挥动刀锯的时候还说这乃是自己职责所在,而那些受难者则成为献给法理学诸神的祭品。若想找个例子,可以去阅读庞德院长那篇关于"机械的法理学"(Mechanical Jurisprudence)的充满智慧的论文。[6] 我想,如果能够拿出一份对法律生长的更为合理的分析,对法律适用的方法更深入且更贴近事实的分析,使得祭司们能够听见不同的声音,那么就会发现,类似这样的牺牲是完全不必要的。如果了解了这样的知识,我们应当知道,那些有魔力的词语和咒语对不论是法律科学还是其他的科学都一样致命。只有对方法进行划分和区别,才能真正发挥其作用,即作为实现目的之工具的作用,他们自身并非目的。我们希望能够在言辞、惯例和仪式中找到内心的平静,但这种希望只不过是一种幻象。[7] 我认为,如果事实与法律已经严丝合缝地对应上,那么我们应当满足于此,并且将该结果毫无畏惧地宣布出来。往往是那些刚写下的规则油墨未干之时就遭到了挑战,一组新的事实、或是一些新的事件组合会给我们带来新的压力,迫使我们对原有规则进行修改或作出限定,甚至可能要求全盘推倒,从头再来。这种感情拉锯中发生的反作用力,实在太强烈,以至于令人难以抗拒。杜威教授有关道德问题的说法[8],在某种意义上,甚至在更大的程度上同样适用于法律的根本问题。它们作为真正的问题,所体现的情势往往都是独一无二的。没有任何东西能够帮助我们从"每一步选择的痛苦"中解脱出来。

我不轻视和低估对机械化和形式化标准的追求,因为它们在法律的某些领域是可行而有效的。选择的真正痛苦在于,我们要把这些领域和其他领域区分开来,这是我们必须承受的痛苦,因为若是不予区分,采用统一的方法只会让我们撞墙、触礁。这种不断流变和变幻莫测乃是法律必须承受的,否则法律将要遭遇其他更让人绝望的灾祸。当我们观察法律的发展时,法律的成长就是这样一个过程,很难指望它还会有另外一种成长方式。凯恩斯(Keynes)近期关于或然性逻辑的作品,对于帮助法官和律师理解前述论断很有价值。凯恩斯说:

"学术逻辑的许多分支,比如说三段论的理论或理想空间的几何结构,所有的争论都旨在说明确定性,它们声称自己的结论乃是终局性的'定论'。但是,其他许多合理的论证在主张自己的分量时并没有伪装自己是确定无误的。在形而上学、科学主义以及行为科学之中,我们的合理信念赖以建立的各种论证,大多数都承认或多或少存在一定的不确定性。因此,为了从哲学的角度来分析这些知识,就必须进行或然性的研究。逻辑学在思想史引导下所走过的路,强化了这样一种观点,即有疑问的论证并不在其范围之内。但是,在理性的实际运用中,我们不期待确定性,也不认为依赖一个有疑问的论证就必然是不合理的。逻辑学要想找到正确思维的一般原则,就应当在那些已经得到确认的论证之外,再研究一些有理由使其具有分量的其他论证。"[9]我们所有参与法律发展的人,都应当深思牢记这一点。有时候,在确定一个原则或一个先例的成长时,我们会倾向于认为它提供了探索确定性的结果。这就是在关于它的起源的认识上犯了错误。就算存在,确定性也只在极个别的情况下才会发生,或者说仅仅是你自己所期待的而已。原则和先例只能说是探索可能性的结果,如此产生的原则和先例,会一直带着其出生时留下的印记。事实上,它们乃是临时性的假说,伴随着怀疑和挣扎出生,表明了各种可能性之间竞争之后让人信服的折中之法。[10]若有人要从相对和短暂的起源这个前提中推理出绝对和永恒的结果,我们根本用不着惊奇,这必定会导致失望,甚至遭到反抗而终结其希望。我们在法的产生中学到了更多的东西,至少是对法发展到的现阶段了解得越多,我们就越能获取不断向着目标前进的意识。这种意识乃是由逻辑所塑造的,它回避了对确定性的苛求,当其结论能够植根于可能性之中,它也就别无所求了。[11]

我的观点已经在抽象意义上说完了,接着让我再用事例点明我的意思。我所寻求的是这样一种案例,它有机会可以运用多种方法,而对于不同方法的选择决定了案件的最终结果。也许比较合适的一个例子是纽约州上诉法院审判的"艾夫斯诉南布法罗铁路公司案"(*Ives v. The South Buffalo Railway Co.*)。[12]大家会记得,在这个案子中,1910年的工人赔偿法案(the Workmen's Compensation Act)被宣布违宪。法案要求,为了雇员的利益,雇主应当为其工作中可能受到的伤害购买保险,如果不考虑雇主是否有过错而强制征收他的这笔财产,这就违背了宪法中的正当程序原则。在这样的案例中,就存在着在多种方法中进行选择的可能性。考察这个选择是否正确并不是我提到这个案例的目的。如果判决涉及州宪法的问题,联邦宪法修正案就会推翻它[13];如果它涉及的是联邦宪法问题时,则由联邦最高法院来否决它。[14]在这里,最让我感兴趣的是,方法选择的问题被置于法律问题之前,并决定着后者的解决方案。一方面,财产权,被合众国的建国之父们确立为绝对和永久性的权利。除了历史和先例所作出的非常严格的限制之外,不能对此进行任何侵害。当时,社会改良还没有探索出一条正确的道路,财产领域被视作是完美的世界,因而,即使是最小程度的压缩或磨损都被认为是对其本质的损害。以这样的观念为前提,那么得出这样的结论也就理所当然了。法典变成了对个人免于社会侵犯的那些权利的不法侵害。逻辑和哲学的方法在此已经大大饱和。想要人们接受不同的想法,就要在上述方法之外寻求其他进路。指责法典错误的人,认为财产权是绝对和永久的,而支持法典正确的人则认为,这些权利应当随着不断变化的时间、地点、环境等外部因素而有所变化。在某个发展阶段对财产权所作的适当的限制,到另外一个阶段可能就显得不合适了。单独的逻辑并不能成为促成社会进步的工具,只有借助社会科学的补充,逻辑才能够达到这一效果。为方便起见,我将把结论表述为一个一般性的意见。我们必须记住,它们事实上只是一种具有可行性的假说。[15]如果材料、形式和效能中任何一项被排除在外,那么对于原因的列举就是不完整的。我们并不是总能够通过回溯起点,从源头推理而找到真理。除非我们展望目标,否则很可能在通往终点的路上备受阻碍。

同样的分歧,同样的方法选择上的对立,在那些已经成为里程碑的经典案件中也有体现。只需回到几年前或者几个月前,我们就能从很多案件的判决中找到痕迹,比如有关租金的案件[16],比如亚利桑那州法规对劳资争议中通过禁止令进行救济的限制案[17],以及最低工资案等。[18]在这些争执中,一方根据脑海里树立的某种行为准则,自认合理的或不受传统影响的标准,推出了在特定情形下自己所能接受的底线;而另一方也在寻求标准,但不是从内部,而是从外部,从"那些值得考虑的重要事实"中寻求标准,其中包括了"社会公众对罪恶和救济的普遍看法"。[19]当然,说到底,两者之间的差别只是程度上的差异。没有哪个绝对主义者会如此固执,声称能够完全遵循一种平等或自由的标准。在自由和规制之间,统一和多元之间,适当的妥协是不可避免的。例外的必要性是得到认可的,最重要的是判定以怎样的原则控制这种尺度。我们应当反求自身,应该从内心世界某种理想的模式中去寻找吗?还是应该回到历史中去寻找,对没有得到时间认可的侵犯行为一律不予认可?又或者,我们应该在当下的实际生活需求中寻找,也就是求诸于"社会生活的迫切需求"?[20]我们的标准,应该是个形而上学的概念,是某种历史依据,还是个现实生活的需求?你给出的答案不同,你得到的结果也就不同。麻烦往往源于假设某种方法乃是至高无上的,假设这种方法会带给我们真理或者表面真理,这些真理是可以直接被接受的,不需要用其他方法所得出的真理来进行检查和验证。我们不该对形而上学或者历史资料顶礼膜拜,却对现实生活的需求视而不见、避而不听。在将历史和理性作为典范的想象中,我们不可能会感受到社会现实的鲜活需要。[21]

我举的例子主要是来自公法领域,但在私法领域,我们同样也能有类似的收获。合同之外的其他人在合同中都有些什么权利?阐述这一主题,是否需要完美想象的引导?凹凸不平的现象,即使带来便利,也应被当做畸形而受到禁止吗?坚持着合同约束力的信念,我们是否应当说合同将各方连接在一起,而一旦该连接被错误地斩断,则没有任何其他人在诉讼中因此而获得救济?英国法院对预先设定的法律概念高度忠诚,不允许任何结论与逻辑推论相悖。无论如何,即使出现偏差,也特别罕见,同时也是值得怀疑的。但在美国,我们的法官则更偏向于让逻辑服从于功利,因此合同受益方对第三方的赔偿,起初是勉强允许,到现在则是成倍增加,不断扩张。[22]这种发展只不过是侵袭传统合同观念的一个步骤,如今它正在向着契约关系中的古老堡垒不断推进。在纽约,只要危险产品可能危及人的生命安全,不论是否存在契约关系,制造商都要为自己的疏忽大意而负担侵权的赔偿责任。[23]随着对应的救济范围越来越大,对"危险产品"的定义和分类也在变得越发宽泛。这种趋势开始于"托马斯诉温彻斯特案"(*Thomas v. Winchester*)[24]和毒药销售案。危险品的范围不断扩张,现在连脚手架[25]和汽车[26]都已经被加入到这个名单,甚至馅饼和蛋糕亦会因为成分中含有食谱中没有提及的馅料或者其他外来原料而榜上有名。从侵权领域开始,例外也已经扩展到了侵权与合同的交叉领域。当一个公共称重人在为某人开具订货单的重量证明时,虽然没有直接的契约关系,但由于称重人有以重量证明引导他人行为的意图,因而不影响其他人有权对其提起诉讼。[27]不过,各州的做法也不统一。马萨诸塞州最近一桩判决受害者起诉制造商疏忽大意的案件中,就要求双方必须有契约关系。[28]显然,逻辑和功利仍在为争夺主导权而斗争。

在对主导着法律的起源和成长的基本原则进行分析的过程中,我努力想要提醒诸位,一定要警惕这样一种观点,即在这些原则中有一个原则居于主导或至上地位,永远会优先于其他的原则,比如说逻辑原则就必须一直服从于历史原则,或者说历史原则要让位给习惯原则,或者所有的原则就一定要屈服于构成社会福利的正义或者功利。即使承认社会福利是最后的试金石,但"确定性和秩序本身也是社会福利的组成部分,发现它们也是我们的职责所在"。[29]直到现在,我还在努力分析而非做出选择,我在努力展现因不同方法导致的不同的结果,而不是要确立一种支配选择的标准。决定和支配着选择的原则,应当由研究法的功能及目的的法哲学分支来阐述。假设有一组先例摆在我们面前,它们与我们所要解决的问题领域或多或少存在一定的重合和相似。这时候，多个先例都和待决案件相似，类比和类比之间相互竞争，我们到底应该采用哪一个？我们应当努力沿着一条路走下去，还是另辟蹊径？如果说逻辑引领我们前行，那么，它将是某个类比的逻辑，是某个原则的推理，还是自有其根据的其他某种逻辑或推论？各位切莫认为选择仅仅发生在逻辑和历史，或逻辑和习惯，或逻辑和正义之间。冲突其实往往发生在逻辑、类比的"内战"中，而社会功利的介入是来扮演一个居间裁判者的角色。必须做出一个选择，而为了做出明智的选择，就必须了解两件事。如果对某一问题，其来源于原则、规则或某一先例的指引力量是根据路线 A 或者路线 B 而发挥作用的，那么我们就必须了解，该原则、规则或先例是如何运作的，它们的目的何在？这两种探索是同时进行的，但也有一些区别。因而，让我首先谈谈法律的目的或目标，之后再讨论法律的作用或功能。

────────────────────

[1] *Interpretations of Legal History*, p. 127.

[2] James, *Pragmatism*, pp. 1, 2.

[3] *Nature of the Judicial Process*, p. 51; *cf.* Professor Cohen's Introduction, pp. 29, 30; Tourtoulon's *Philosophy in the Development of Law*, vol. XIII, Modern Legal Philosophy Series.

[4] Cohen, *supra*.

[5] Cf. Dewey, *Human Nature and Conduct*, pp. 239, 241.

[6] 8 *Col. L. R.* 603

[7] Holmes, "The Path of the Law," *Collected Papers*, pp. 167, 180; Pound, *Criminal Justice in Cleveland*, p. 562.

[8] *Reconstruction in Philosophy*; *Human Nature and Conduct*.

[9] J. M. Keynes, *A Treatise on Probability*, p. 3. Cf. Charles S. Pierce, *Chance, Love and Logic*, p. 64

[10] *Cf.* Holmes, vol. I, *Continental Legal History Series*, p. 46.

[11] 我在图尔图龙(Tourtoulon)的作品《法律发展的哲

学》(Philosophy in the Development of Law)中有趣地发现,在历史的长河中有这些多种实验性的力量在发挥作用。"机会的哲学,"他说,"对我来说似乎是法学历史的哲学最为自然的结论。它用对或然性的探索,代替了对确定性的探索。它在其他人希望仅看到单一的假想之处,展现了原因的复杂性。它允许人们尽可能地利用自己的无知。它鼓励有意的怀疑,并非全盘否定,而是审慎为之。善意的、谨慎的并且不断探索的怀疑,可能恰恰是促进人类进步最好的工具。"

[12] 201 N. Y. 271.

[13] *Southern Pacific Ry. Co. v. Jensen*, 215 N. Y. 514.

[14] *N. Y. C. R. R. Co. v. White*, 243 U. S. 188.

[15] *Cf.* Dewey, *Human Nature and Conduct*, "The Nature of Principles," p. 239.

[16] *Block v. Hirsch*, 256 U. S. 135; *Matcus Brown Holding Co. v. Feldman*, 256 U. S. 170.

[17] *Truax v. Corrigan*, 257 U. S. 312.

[18] *Adkins v. The Children's Hospital of the District of*

Columbia, 261 U. S. 525.

[19] Brandeis, J., in *Truax v. Corrigan*, *supra*.

[20] Vander-Eycken, *Methode Positive de Pinterpretation juridiqure*, p. 401; see my *Nature of the Judicial Process*, p. 122; Pound, 44 *Reports Am. Bar Assn.* for 1919, p. 457.

[21] *Cf. Meyer v. Nebraska*, 262 U. S. 390; *Bartels v. Iowa*, 262 U. S. 404.

[22] *Nature of the Judicial Process*, p. 99.

[23] *MacPherson v. Buick Mfg. Co.*, 217 N. Y. 382.

[24] 6 N. Y. 397.

[25] *Devlin v. Smith*, 89 N. Y. 470.

[26] *MacPherson v. Buick Mfg. Co.*, *supra*.

[27] *Glanzer v. Shepard*, 203 N. Y. 236.

[28] *Pitman v. Lynn Gas & Electric Co.*, 235 Mass 322.

[29] See my *Nature of the Judicial Process*, p. 67.

第四章
法律的功能和目的

庞德说:"制定和发现法律,按照你的想法给它一个称谓,这是构成一个人在做什么和为什么这么做的思想图景的前提。"[1]如果相互冲突的方法都可以适用,那么,我们对过程的意义或重要性的理解就将决定我们的选择。完整地阐述法律的目的应是一部法学专著的主题,我不会在一个有限的讲座中做这样的尝试。时间不够是个充分的理由,但如果需要,我想我还可以再提供其他理由。如果现在能够让各位认识到法律和法哲学之间的联系,我的目的也就算达到了。在研究法律的目的方面,至少在英美法学界,成果最突出的应该是罗斯科·庞德。法学的某些分支明显地要求法律具备确定性和秩序性,要求严格地甚至是机械地行使司法权。庞德梳理了遗产法和继承法,明确了财产及转让中的权益。他还梳理了商法的一些问题以及风险的产生和责任的转移问题。[2]如果他按照我所遵循的分类方法进行划分,他会说这里运用的是逻辑的、历史的和习惯的方法。法律的其他分支也得到了很好的阐释,灵活的标准取代了那些被机械适用的僵化规则,从而可以满足不断变化的新情况下的需求。他梳理了侵权法、公共设施法、信托关系法和与之相关的其他法律分支。[3]如果他根据我的方法分类,在这个领域他会优先考虑社会学的方法。密歇根大学的桑德兰(Sunderland)教授在其最近的一篇论文中,运用其非凡的启发力,阐述了实体法和程序法在对灵活性和确定性的要求方面的差异。[4]毫无疑问,这里存在一个中间地带,一个多种方法交融在一起的边缘地带,它们之间没有清晰的界线。一边是确定性,另一边是正义,两者在逻辑和效用方面到底有着怎样的价值,这涉及对他们所促进的社会利益的评估。在这个社会利益评估问题上,任何法学大师都未曾明确地做过细致的推演[5],尽管庞德对此给出了卓有成效、精辟深刻的论述[6],也被认为是暂时性的和试探性的。用斯通院长(Dean Stone)的话来说,社会学法学仍有待于发展成可以被讲授和传播的公式或原则,从而可为法学研究者和法官提供方法论的指导。[7]它的价值目前主要还是否定性的。[8]"它警告法官和法学研究者们,在作出有生命力的判决时,不能也不应该完全受到逻辑和历史的影响。它指出,在选择能够决定结果即社会效用的特定手段时,应考虑当下客观的风俗习惯,让天平可以适当地向一方倾斜。"[9]如果某种分类在任何时候和地方都是完美无缺的,那这种分类也终将被取代。一代人的好的标准不一定适用于子孙后代。无论对法律人还是对道德家们来说,透过社会现象研究得出的结论,不是"决定疑难案件判决的僵化的规则,而是为其调查研究提供工具指引,是能将过去的经验价值转化为解决今天新问题的方法"[10]。如果将社会学的假设当做最终结论,它将在一种死板和呆滞中走向僵化,而这种僵化较之逻辑的僵化更为致命,或者更确切地说,它将在自身的逻辑中走向僵化。用杜威的话来说:"这个问题是持续的,充满活力地不断适应更新的问题。"[11]

在我们现有的知识状态下,当两个或更多的社会利益之间存在冲突时,对它们的相对价值的评估,法官将根据其中多种因素综合作用的判断来作出,立法者亦如此。这种判断会与他的生活经验,他对现行的正义和道德准则的理解,以及他对社会科学的研究息息相关,有的时候,最终是在他的直觉、偏见甚至无知中形成的。这就像一张错乱编织的网,线束色彩缤纷却凌乱不堪,残破不一。许多线索看似简单,一经发现并分析,却是一种复杂且不确定的混合状态。正义其本身,我们当做试金石和理想价值追求的正义,对于不同的思考者和不同的时代,可能意味着不同的东西。任何企图将正义的标准客观化或去描述它的尝试,从未获得完全的成功。[12]亚里士多德曾将正义划分为:校正的正义、分配的正义和一般的正义。这种分类并没有真正解决问题。我们所寻求的正义,不是当一个人的权利和义务得到法律确定时的那种正义,而应该是法律制定时应遵循的正义。[13]从这个意义上说,正义比任何遵循规则产生的其他概念都微妙和不确定。无论说了多少或做了多少,正义在某种程度上应该是一种令人振奋的鼓舞、一种高昂的情绪和一种积极向上的呼唤。斯塔姆勒(Stammler)在最近一篇论文中说:"正义是一种与纯粹共同体的理念相一致的特别的法律意志的指引。"[14]

甚至我们可能会发现,当我们谈论正义时,我们心中所想到的品质是仁慈,尽管这种品质有时会和其他的品质相互冲突。[15]正义的原料如果单独放置就会变质发酸,如果把它们灌注在一起存放,不但不会改变正义自身的特性,还会使正义变得香甜。你可以给出任何你所希望的配方。而一个训练有素的味觉,会从整体上做出判断,从而决定接受或拒绝这种配方。

在这种不稳定的状态中产生的规则,看起来实在是毫无意义,直到不断变化的创造过程证明这种规则本身是有发展潜力的。"你不可以为了便利或实用这样的蝇头小利,而背离了由历史或逻辑所确定的准则。否则所失会高于所得;你也不能为了遵循平衡或秩序这样轻微的事情,而使得公平和正义所确立的准则蒙尘,否则亦会得不偿失。"诸如此类的道理人尽皆知。然而我们应当认识到,这些戒律虽然表面上看起来枯燥无味又含混不清,但却有意想不到的含义,亦潜藏着不为人知的能量,只有虔诚的人,只有追求真理并尽一切可能追随和遵守真理的人,才能窥其一二。不同的极点之间,还存在着进行无数精密调整的空间。这些调整,由于两端所发出的辐射力量的吸引,在某种程度上都会受到影响。

当新的问题产生,公平和正义会指引人们的思维找到解决方案。而当人们仔细审视这些解决方案,就会发现它们是和平衡与秩序相一致的,甚至是一种彼时尚未知晓的平衡与秩序的起点。逻辑与历史,也就是无数先贤智慧所体现的类比方法,反过来也会激发出获得公平和正义的新途径。我们在诗歌和散文等文学作品中发现一个与此相类似的现象。人们寻找恰如其分的话语和赏心悦目的措辞,用以表达出我们的思想,但当我们找到这样的词句时,我们的思想在某种程度上可能也已经被改变了。在对我们的束缚中也存在着释放。押韵和韵律的约束,乐段和均衡的苛求,有时会解放它们所限制的思想,此即所谓囚禁中的思想解放。

当然,事实上,在法律乃至其他思维领域的发展中,我们永远不能摆脱对于直觉和灵机一动的依赖,它们超越并改变了经验对我们的影响。温德班(Windelband)说道[16]:"伟大的历史学家们没有必要等待心理学家的实验和研究,他们所用的就是我们日常生活的心理学,就是人类的知识,是生活的经验,是普通人的心理与天才和诗人的洞察力的结合体。还没有人曾成功地将这种直观理解的心理学变成一门科学。"这些对于历史学家的说法也适用于法律工作者。格雷厄姆·沃拉斯(Graham Wallas)的评论中就多多少少有这样一种根深蒂固的观念[17]:我们最高法院一些法官的心中就应当有像诗人一样的品质。研究和分析社会现实,可能会为我们提供一些创造精神赖以产生的材料,但是在创造的过程中,人们所创造之物要超过所吸收的东西。惹尼(Gény)在《法律的科学与技术》一书中提醒我们,有关法律发展的概念是如何适应当下哲学的基本思想,特别是与柏格森(Bergson)及柏格森学派思想相适应。"他们告诉我们,有必要用直觉的柔韧,来完善和修正智力的僵化,用一种理性的同情心,来聆听宇宙的奥秘。"[18]"这种新的哲学,在直觉的名义下,宣扬一种比纯粹理性更加微妙的认知模式,一种置身于事实的核心之中的模式",一种并非从外部观察事物,而是从事物的内部将其看透的模式。[19]我们无需成为任何认识论的信徒,不论是柏格森还是其他学派,就能感受到这种创造性过程和法律发展过程的相似之处。这种机制展示了形式、组成部分和综合体所具有的相同的多样性。[20]分析与综合交替出现,类推与归纳交替出现,说理与直觉交替出现。惹尼认为,这个过程极其错综复杂,充满了细微的差别,渗透着诡辩术和辩证法,混合了分析与综合的方法。在此过程中,说理和意志所确立的先验,是后天过程得出恰当结果的先决条件。[21]对于实例和具体个案的处理,要培养艺术所特有的技能。机械而不加以创造的重复,最多只能产生拙劣的工匠。艺术活动展示了有意识和无意识相互作用的过程,这样的过程是永远也不能用理性思维来解释的……创造伴随着有意的批判,但是促成这种成就的积极因素并非投机取巧和深思熟虑,而是一种幸运的机遇,是源于生命深处的无意识。[22]所以庞德说[23]:"熟练的工匠可以运用来自其经验的直觉确保他们的活动。不可计数的细节和细微的差别造就了这种直觉,它形成于日积月累的经验之中,形成于一次又一次的尝试和谬误之中,形成于不断做出恰当的包容和淘汰,直至有效的行为准则成为一种习惯。"庞德又说[24]:"那些研究司法判决的人经常会发现,不论达到结果的推理过程是否合理,他们所做的决定往往是合理的。法官训练有素的直觉不断地引导他们作出正确的判决,但是让他们给出推理过程,却有些强人所难。"这并不意味着,在法律中,规则被人们指责为毫无用处的,在艺术中同样不能。方法论所给予我们的钥匙,却不能让我们易如反掌地发现和打开奥秘之门。它所给予我们的,与其说是钥匙,不如说是一条线索,一条值得我们探索和开发,从而提取其本质和精华的线索。

对于社会利益及其相对重要性的解读,就是一条重要的线索,在解决问题时,法官和律师都要运用此种线索。这项研究本身已经成为一种科学。当我们给一门学科选择一个具体的名称时,我们可能难以阐明其特性,但也许在有些人眼里,如果我们给这门学科选择了一个有力的名称,那么就增加了这门学科的尊严。我们所研究的这个领域有一个足够深奥的命名,以满足这些条件。哲学家将这项研究命名为"价值论",或者"价值的科学",评估种族、社会和审美问题上的相对价值。[25]法官有时必须借鉴这门科学的结论。但是,法官借用这种结论,作出接受或拒绝决定的自由是要受到限制的。如果立法机关宣告,一种利益要高于另一种利益,那么法官就要收起其个人的或主观的价值评估,而服从于立法中所规定的评估方法。法官不能因为确信法律条文中体现了一种错误的价值论,就推翻它或宣布其无效。即使立法没有规定价值评估标准,法官在进行价值判断时,也必须根据客观的标准而非其主观标准,必须根据社会普遍的思想和意志而非其个人独特的行为模式和信仰。[26]通常情况下,这两种标准是一致的,如果社会的思想或意志都无法达成统一,也就不会有成文法、习惯法或其他外部的约束力量来宣告或者规定这种不同。那么,此时法官除了他自己的判断标准,也就不会有其他的价值判断标准。在这种情况下,对于法官来说,客观标准和主观标准相融合,指引法官的价值论就是他自己而非其他人的价值观。

我们不需要担心如果个人服从于社会的价值论,会导致很多伟大的思想和灵魂无从崭露头角。事实上,我们所寻求的是某种外在的东西,一种在习惯或信念中表达出来的规范。不过,这些发现一经宣告,会形成一种新的行为规范或者标准,一种习惯或者信念都趋向服从的标准。衡平法院所确立的伟大原则:受托人不得通过信托行为获得收益,甚至不得处于个人利益与信托责任相抵触的位置,这一原则提高了商誉水准,唤醒了或许麻木的良知,这一点有谁能否认呢?杜吉特(Duguit)对于这一问题的阐述可谓鞭辟入里。法官应当审查社会事实的集合体,司法规范被视为这些集合的产物。在诸多的社会事实中,最为重要的是"实在法、人们实际遵从的习惯、经济需要和实现公正的渴望"[27]。然而,审查社会事实,尽管是法官的职能中至关重要的部分,却并非全部。[28]法官解读社会良知,并使其发生法律上的效力,但是这么做的同时,也有助于形成和修改法官所解读的良知。发现与创造总是相辅相成。

我试图给哲学在涉及法律最终目的时所必须面临的一类问题下定义。我所写的仅能作为一个前言,尽管这是个很长的前言。我想提请大家注意的是,律师或法官在解决实践中必然遇到的一些问题时,此种哲学起到了指引的作用。强调这种哲学的作用并不意味着哲学本身就足够解决问题了。在规则和原则发展的过程中借助于法哲学,是我们了解这些所希望发展的原则和规则的先决条件。关于这个问题,霍姆斯跟往常一样,总能一语中的:"当一个人对于其所从事的职业有一套行之有效的知识,他就可以在业余时间好好地消遣,而不是一有时间就阅读上报的案例。这些案例可能仅仅是对法律思想微不足道的改变。"[29]同其他科学一样,在学习法律的过程中,必须了解很多已有的知识。如果必须用法定货币来支付我们的旅费,那么这些知识就是我们囊中必不可少的硬币。在我们拥有足够的硬币之前,我们最好待在家中,哪儿也别去。我认为这就是霍姆斯所说的一套行之有效的知识。我们必须像律师那样相互交谈,否则就会互相误解。达成这样的共识之后,在我探讨法哲学之前,就不应走得太远。

让我假设一个并没有权威做出先例的案子。各位先生,或者你们中的绝大多数人,都有幸获得一纸聘书成为本案的律师。而我是个心烦意乱的法官。你们已经翻遍了所有法律意见、百科全书、条约和法学评论。

律师都钟爱依据这四种材料做出决定,这些材料中蕴含着一种潜在的胜利,其权威也足以压倒充满怀疑的法官,但那些隐藏在法学书籍中的瑰宝,却一直拒绝露面。你们的彻夜不眠和孜孜不倦最多能产生一些比较遥远而牵强的类比,它们既容易为这一方服务,也容易为另一方服务。你们要怎么做才能说服法官?我又会作出什么判决?可能我们都应该充分认识到这个过程的意义,而我们却没有认识到。我们脑中所浮现的,大部分都是潜意识或近似于潜意识的东西。但如果任务完成时我们扪心自问做了什么,回答足够诚实的话,使用这些方法来解决问题时,就已经是在使用哲学了。

我所在的法庭一年以前有个案例,可以用来说明我的意思。[30]一个男孩在一条河里洗澡,他爬上岸边突出的一个跳板,站在跳板的末端准备跳入水中,此时电线落在男孩身上,他被冲入水中,不幸遇难。在接下来的索赔诉讼中,女遗产管理人的律师和铁路公司(事件发生的河岸土地所有人)的律师所运用的类比难分伯仲。女遗产管理人发现与公路旅行者这一身份的类比恰如其分。男孩在一个可以游泳的水域中洗澡,男孩所享有的权利不应因为脚站在岸上而有所减损。而土地所有者则认为,土地入侵者的类比更为合适。跳板尽管向水中突出,却是一个附着物,在构造上是其所附着的陆地的一部分。那么男孩就是私人所有土地的一个入侵者,所有权人唯一的责任就是防止不负责任和恶意的伤害。如果不具备这些因素,死亡就得不到赔偿。现在,事实就是,由于只有一段辩证法,这些类比会使得法官陷入僵局。纯粹逻辑推理不能够让法官在两方的主张之间作出判断。尽管双方的主张都还算恰当,但没有一方的主张是完美的。这就产生了一种新情况,套用现有模式都不能使其避免其缺陷。当我们发现这种情况时,此法官或彼法官所接受的选择,很大程度上取决于法官所拥有的关于法律的目的或法律的功能的观念,而法律的目的和功能的问题本身就是一个哲学命题。

在我所引证的这个案例中,多数法官认为赔偿责任应当宣告成立。这些法官可能是从事先确立的定义开始进行推演。在行为责任与法律所服务的目的相一致的法律体系中,存在着用来决定或应当用来决定行为责任的基本原则,而法官的推理就应当从属于并适用于这种基本原则。[31]"海因斯诉纽约中央铁路公司案"(*Hynes v. N. Y. Central R. R. Co.*)于1921年5月宣判,彼时庞德院长的著作《法哲学导论》尚未出版。此书于1922年面世,庞德在书中提出了一个责任理论,将他的理论与本案中所确立的责任理论相对比不失为一件趣事。他说:"法律执行着从行为、关系和环境中所产生的一些合理期待。"[32]根据这一标准,男孩从跳板上跳下去这一诉讼理由是否成立,这个问题我想留给其他人来回答,在此不作赘述。有一种关于责任的理论,即一种通过缩小或扩大权利和赔偿范围以达到所服务的目的的哲学,是在类比模棱两可、无先例可循的新情况下得以作出判决的基础。现今,当法官整夜面临案件的紧急需要时,他们经常要即兴创作出这样一种理论和这样一种哲学。法官经常摸索着前进,模糊地感觉到已经触及某个此类问题,但却错过了能够激发他快速作出决定的原则,这恰恰是一项普遍的原则。如果缺少恰当的哲学,他很有可能完全误入歧途,即使最好的情况,也是陷入经验主义的误区,仅凭细枝末节就进行宣判。我们必须认识到,所有方法都不应被视为偶像,而应被看做工具。我们必须以其他方法来检测一种方法,补充和加强薄弱环节,以便在需要时每种方法中有力和最好的一面会为我们服务。如此看待这些方法,我们会经常发现他们不是敌人,而是盟友。

事实是,很多挥舞着某一学派大旗的法律工匠,却在不知不觉中给另一个学派以帮助和鼓励,仿若已经改旗易帜。历史法学派和社会法学派经常相互冲突,两派之间也存在着很多重要的区别。然而很多自称在裁决中使用历史法学派方法的人,事实上不如声称使用社会学方法的人对历史法学的价值更加忠诚,并且他们对流行的福利和实用的标准表现得更加乐于接受。在历史法学派的观点中,"并不是立法者制造了法律,而是民族意识制造了法律。立法者只是记录下了民意所表达的内容。为达此目的,立法者有必要充分接受系统性研究的指引,以了解民意的真正含义"[33]。"法律不是人类意志的产物,而是一个共同的信念。"[34]历史法学派很有可能夸大了法律发展的过程中无意识的、非意志的因素的作用。然而,如果接受历史法学派的这种假定,他们所渴求的不是对过去的盲目复制,而是寻求对现在的仔细审视。以这种假设的措辞来讲,法律是对于当下的信念的表达,而非对过去的信念。那么,如果不从现行的实用和福利的标准入手,我们又应当去哪里寻找民意的启示呢? 当我们忽略了历史动态的方面,我们对于它的认识就是错误和片面的。法律年鉴可以告诉我们一项原则或一款规则是如何起源的。而这些年鉴却不能告诉我们,那些起点也应当是终点。

为此我也从我所任职的法庭找到了一个最近的案例,来说明我的意思。不久之前,在"奥本海姆诉科瑞德案"(*Oppenheim v. Kridel*,236 N. Y. 156)中,我所在的法院主张,女人可以同男人一样,有权就通奸提起诉讼。上诉法院认为,此类诉讼不成立。为了证明女人缺乏诉讼能力,该法院援引了科克侯爵时代的先例。该法院重点强调,在那个时代,人们宣称男人对于妻子的身体是有财产权的,而妻子对于丈夫的身体却没有任何权利。该法院还强调,在那个时代存在着这样一种规则,女人不得就不法行为提起诉讼,除非她的丈夫与她一起作为原告参与诉讼。我们并没有忽视这些先例,然而我们认为这些先例并不具有决定性。社会、政治和法律改革都会改变性别之间的关系,会使得女人同男人处于平等的地位。在过去那种性别不平等的假设的基础上所作出的判决,与如今的现实无关,并且也不应将其作为一项永恒的规则。[35]历史方法是每一个法院作出判决所用的推理方法,但运用历史方法却会导致相反的结果。一个法院在解读法制史时,满足于将古老年鉴中的先例作为结论的做法;而另一个法院则可能会发现一股思潮、一种趋势和一次逐步接近目标的运动。那么,哪一种方法才是历史方法的真正用法?哪一个法院展现了对历史方法更为明智而合理的忠实?决定历史事件的意义,是把它放到我们的时代来审查,并视之为当今时代和思想的产物,还是把它放到事件发生之时,视之为其所在时代的独有信念和习惯的表达?

如果历史不仅仅是一部空洞枯燥的大事记,而被当做历史来读的话,那么我们就需要有一个选择的过程。正确地理解和运用这几种方法,可以使它们互相纠正和印证。仅仅诉诸起源是徒劳无功的,还可能滥用起源的意义,除非证明起源经得起目标的检验,并受到了目标的启发。我们必须学会使用工具、运用方法和过程,不是单独地使用,而是综合加以运用。如果结合起来使用这些工具,它们就成了前进的手段。相反,如果不能把这些工具加以结合,而将它们看做相互排斥的方法而单独使用其中一种,它们就成了很多错误的源泉。没有来源于精密的分析的理解(这些分析是任何合理和真正的综合的基本前提),如果我们想达到所需要的结合,只能一路风雨飘摇并充满质疑。庞德院长说:"如果法院认识到他们所做的究竟是什么,并由此能够有意识的尽其所能做到最好,将收获良多。"[36]这是研究法哲学给我们带来的最大收获。它使我们明白了一个伟大的道理:"汝等勿信伪神偶像,更勿崇拜箴言法则。"[37]事实上,有时我们似乎什么也没学到,并会质疑自己的劳动和牺牲是否有意义。我们应当告诉自己,企图寻找至高无上的法宝,注定徒劳无功,百宝箱不是广为人知的咒语就能打开的;世上并不存在一种优于其他方法的判断方法,只有随着问题的不同而选择不同的方法。选择及随之而来的艰辛,可不是判断过程中短暂的一个阶段,而是作出判断必不可少的条件,是判断伊始就必须经历的咒骂和抱怨。历经前述种种艰辛以后,这终究会成为一种哲学,如果欣然接受,会帮助我们避免铸成大错。

---

[1] *Introduction to Philosophy*, p. 59.

[2] *Introduction to Philosophy*, p. 139.; cf. Stammler, 21 *Mich L. R.* 873.

[3] *Ibid.*, pp. 138, 140.

[4] Am. *Law School Rev.*, p. 73, Mar., 1923; 29 *W. Va Law Quart.* 77.

[5] Albertsworth, "Program Of Sociological Jurisprudence," VIII *Am. Bar. Assn. Jour.* 393, 394; cf. Bentham, *Principles of Morals and Legislation*; Windelband, *Introduction to Philosophy*,

227, 229; Vander-Eycken, *Methode positive de l'interpretation jurudique*; Tourtlon, *Philosophy in the Development of Law*, XIII, Modern Legal Philosophical Series, p. 479, 486

[6] Pound, "A Study of Social Interests", vol. XV, *Paper and Proceedings of American Sociological Society*, May, 1921.

[7] 22 *Col. L. R.* 382, 384.

[8] Albertsworth, *supra*.

[9] Stone, *supra* also 23 Col. L. R. 328; *cf.* Lepaulle, "The Function of Comparative Law" 35 *Harv. L. R.* 838.

[10] Deway, *Human Nature and Conduct*, pp. 240, 241.

[11] Deway, *op. cit.*, p. 240.

[12] Geny, *Science et Technique en droit prive positif*, vol. I, pp. 49,50; vol. II, p. 389, § 171; Geny, *Methode l'interpretation*, etc., vol. I, pp. 49-53; Vinogradoff, *Historical Jurisprudence*, vol. II, p. 45; Duguit, T*raite de drotit constitutional*, vol. I, pp. 49-53; H. Spencer, Justice, *The Principles of Ethics*, vol. II, § 272, P. 45; Tourtlon, *Philosophy in the Development of Law*,

vol. XIII, Modern Legal Philosophical Series, pp. 266, 479, 492; also p. 36 of Professor Cohen's Introduction; Pollock, *First Book of Jurisprudence*, p. 30.

[13] Vinogradoff, *Historical Jurisprudence*, vol. II. Pp. 45-57.

[14] 21 *Mich. L. R.* 889.

[15] Tourtoulon, *supra*; Professor Cohen's Introduction, pp. 36, 39.

[16] *Introduction to Philosophy*, pp. 206, 207.

[17] Wallas, *Our Social Heritage*, p. 194.

[18] Gény, *Science et Technique en droit privé positif*, vol. I, p. 80, ss26.

[19] Gény, *supra*; *cf.* Pound, "The Theory of Judicial Decision," 36 *Harv, L. R.* 951.

[20] Dewey 教授在近著 *Human Nature and Conduct* 中指出,冲动与习惯之间是相互影响的。

[21] *Ibid.*, vol. I, p. 211, sec. 67.

[22] Windelband, *op. cit.*, pp. 321, 322. "如果法律知识是一门科学,那么无需推测就可以证实,应用法律知识的方式就可以构成一门艺术。"(Ransson, "*Essai sur l'art de juger*" p. 21)

[23] "The Theory of Judicial Decision", 36 *Harv. L. R.* 952.

[24] *Ibid.*, pp. 9, 51.

[25] Windelband, *op. cit.*, pp. 209, 217.

[26] *Cf.* H. Krabbe, *The Modern Idea of the State*, pp. 99, 100.

[27] Duguit, *Traité de droit constitutionnel*, vol. I, pp. 79, 83.

[28] *Ibid.*, pp. 80, 83.

[29] *Introduction to a General Survey of Continental Legal History*, vol. I, Continental Legal History Series, p. xlvi.

[30] *Hynes v. N.Y. Central R. R. Co.*, 231 N.Y. 229.

[31] Cf. F. H. Bohlen, "Mixed Questions of Law a Fact" 72

Univ. of Penn. L. R., pp. Ⅲ, 120.

[32] *Ibid.*, p. 189.

[33] Stammler, "Fundamental Tendencies in Modern Jurisprudence," 21 *Mich. L. R.* 647.

[34] *Ibid.*, p. 650; *cf.* Duguit, *Traité de droit constitutionnel*, vol. Ⅰ, pp. 56, 72.

[35] *Cf. R. v. Jackson*, 1891, Ⅰ Q. B. 671.

[36] 36 *Harv. L. R.* 959.

[37] Sir Frederick Pollock, 39 *Law Quarterly Review* 169.

第五章
功能和目的(续)·结论

我已向大家介绍了一些司法方法,采用这些方法的人对它们进行筛选和处理,以适应各自所能服务的目的。我所给出的实例似乎是在强调变化的价值和灵活性的优点,贬斥确定性的价值。为保持真正意义上的平衡,让我给你们举一些其他的案例,在这些案例中各位会发现,当灵活性与确定性旗鼓相当,确定性则显示出了更为深远的价值和裨益。在该案中,一个造纸商与一家报社签订了合同,造纸商在合同规定的期限内,以彼此约定的质量按月提供纸张。在合同的头三个月内,纸张的价格是事先确定的;在剩余的期限里,如果买方和卖方同意,就在同样长的时间里,即接下来的三个月内继续执行这一价格;但按照合同的附件,在合同未规定的时期内,纸张的价格不应高于当时其他造纸商对其大客户的要价。在初始期限届满后,买方要求把已经确定的价格作为最高价格按月收货。卖方拒绝了买方的要求,理由是合同已经失效,因为双方并没有达成关于继续执行这一价格的合同期间的协议。纽约上诉法院支持了这一主张,并判决卖方的权利不受其动机的影响。[1]这个案子正是利用了合同为避免繁琐的约定,而采取了严格文义解释这一方法。不难设想,感性的良知会拒绝这种避免的借口。但我们认为这无关紧要。法庭使得特殊情况中的公平服从于商业生活中交易对确定性之压倒性的需要。合同法的发展所需要达到的目标,是得到口头或文字明确表达的意志的至高无上性,而不是某种假设性的、想象中的或脱离了其外在表现的意志。如果法官不但能解释法律,还有修改法律的权力,那么从长远看,它给商业带来的损害将大于收益。

对于一种有关商业及其需要的更高层次的观念而言[2], 终有一天会允许法官修改法律, 只要这种修改与已经确立的公平交易的准则相一致, 不过现在还不是时候。在司法活动中, 现行的价值论依然将稳定性与确定性置于其他价值之上。"在这个领域, 法律应该坚持合同和义务的基本理念, 严格遵守这些理念并得出合乎逻辑的结论。"[3] 对此, 你们还可以引用其他数不胜数的案例。[4]

前面我谈的是法律的目的, 现在我必须说说法律的功能了。从某种程度上说, 这两个问题是不能分开的。我们的哲学在告诉我们法律应当竭尽全力达成目的的同时, 也会告诉我们法律本身的功能。然而与这一研究密切相关的, 是探寻就法律在此问题或彼问题上的发展而言, 它是否于事实上发挥了自己的功能——它到底运行得好不好? 对后者的探寻也许是一个社会学分支, 需要对社会事实进行研究, 而非哲学本身的分支, 但这两个领域是重叠的, 没有一方的协助, 另一方也很难卓有成效。"结果不能改变法规,但可能有助于确定他们的含义。"[5]我们用规则所致的结果来检验规则。

这种观点似乎是不言而喻的,但是它被人们接纳的过程相当缓慢,人们在承认它时犹豫不决。[6]有人指出,研究人类社会生活的科学家的思想态度,与其他领域科学家的思想态度大相径庭。罗宾逊(Robinson)在他的近著《创造性的头脑》中,对这个问题进行了有力的论述。[7]其他领域的科学家冷静地问着自己,规则运作得如何?如果他发现它运作得不好,就会把它当做错误抛弃。社会学的学者则倾向于以他们所发现的状态去看待这些制度,其实,如果他自己是作为法官研究这些制度,他会认识到自己在很大程度上无法以其他方式去理解它们。法官只是偶尔问自己:规则运行得如何?它是统治人类的一种明智的规则吗?但现在他们已经不问这种问题了,因为在他们看来,答案或多或少与他们无关。他们一般只满足于这种探究——它是现行规则吗?

它的逻辑假定或它的逻辑发展是什么?

社会学方法在强调目的和功能时,越来越多地涉及其他领域的方法。试图要作出裁判的法官,以及试图要说服法官的律师,在采用这种方法时不由自主地想用结果去检验规则。当然,无论是现在还是过去,这种探寻有时必须止步于对如下问题的回答:它是现行的规则吗?在案件的主要问题涉及方向或引申时,法律的功能就变得十分重要。在这种情况下,若不对我们已经走过的路线和这条路线指引我们前往的地方进行全面的考察,对道路进行选择就会是盲目而不明智的。

最高法院最近的一个案例对此提供了必要的说明。这个案子指控的是谋杀[8],初审法官指控说,被告尽管受到了致命武器的攻击,但如果一个合理谨慎的人能够发现逃跑的可能性,他就没有权利以上述理由作为依据为自己抗辩。对这种法律的阐述不乏论据的支持。霍姆斯大法官代表最高法院宣布,最高法院拒绝接受这种与强烈感情压力下的与正常人类行为无关的规则。霍姆斯法官说:"法律已经成长了,尽管过往的错误在它的成长中也发挥着作用,它仍倾向于与人类的天性相一致的规则……面对高举的尖刀,不可能去要求当事人有超乎常人的深思熟虑。所以,至少本法庭认为,要求那种情况下的人应该停下来思考一下,一个理智的人是否认为没有可能安全逃走,或是不是可以把侵害人致残而非打死,这可不是豁免的条件。"只要他合理地确信危险迫在眉睫就足够了。在确定其是否真的确信危险迫在眉睫时,未做退避当然是个需要考虑的情节。考虑到此种确信是建立在合理的根据上,就不能因为其他理智的人有可能意识到逃跑的可能性而撤销由正当防卫引起的豁免。我们无需追究这一判决是否背离了那些在各种法律报告中被奉为圭臬的先例。在某些州,比如纽约州,这条规则在一定程度上被成文法中的条款所强化。[9]此时,让我们感兴趣的与其说是这项判决本身,不如说是它生机勃勃的精神。它建立在一个假定之上,即一条规则如果与行为的实际情况无关,它的功能就被歪曲了,因为规则本身的形成是为了在实际情况中加以运用。

这种精神在许多领域都显示出自身日渐壮大的力量。数量日渐增多、地位日渐显耀的一派思想家,如今都在强调规则及其效果之间的关系,规则的合理性与其对效果的裨益之间的关系。在有关建议中的法律重述的初步讨论中,这一点已体现得淋漓尽致。提醒我们注意的是,在判决相互冲突之处,除非我们知道在相互冲突的规则中,哪一条规则在其运作中被证明为最可行和最有益,否则我们的选择肯定是不明智的。[10]法院的一些错误,源于对判决的经济和社会后果,或者判决应当回应的经济和社会需求的相关知识的缺乏。在现代生活的复杂情况中,法官越来越多地需要借助一些专门的调查机构,因为他们能用对真实状况的确切了解来取代推测和印象。研究布兰代斯大法官先生的司法意见,将学到深刻的一课,即法律有能力从外部资源中实现自我更新并促进自身的成长。在他的司法意见中,到处都存在着对"案件所影响之社会当前的社会、工业和政治条件"的参照[11]。

如果社会功利或效用的要求足够紧迫,如果现行规则的运作可能产生艰难与不便,那么功利迟早会走向胜利。"视法律制度为未解之谜的观点,不过是学校里纯理论的教条,除此之外,什么也称不上。从长远看,法理学从来无法成功抵御强大而正当的社会或经济需求。"[12]美国西部各州的水法为我们提供了恰当的例证。"两种水法制度——河岸土地所有人制和占用制——在美国境内都有效力。"[13]起初,河岸所有人的水法制度通行于48个州中的31个州,它的基本原则是"每个河岸所有人,都平等享有合理使用河水的权利,并尊重其他河岸所有人合理使用河水的权利。"[14]西部一些干旱的州发现这种制度不符合他们的需要,"按照权利平等的一般原则,把水划分为很小的量供不同的人使用,是一种过分细微且不会给任何人带来任何好处的分配"[15]。"在这些地区,细微的、没有真正经济价值的分配还不如让一些人有足够的水,另一些人没有水。"占用制就是建立在承认这一事实的基础之上。它的基本原则是:"第一个把河水用于有益用途——灌溉、开矿、制造、电力、住宅或其他经济用途——的用水人,由此便获得了在该用途合理必要的范围内对水的第一权利。第二个对河水进行有效利用的使用者,获得对水的第二权利,该权利与第一权利相似,但服从于第一权利。第三个利用水的人获得第三权利,它服从于前面两个权利。以此类推,水的全部利用都遵循这一原理。"[16]这里,我们有意识地偏离了已知的规则而采取新的规则,以服从于社会需求的力量。这种需求显著而迫切,我们势必要推翻古老的惯例,为自己开辟出一条新路。

功能哲学(the philosophy of function)的全部主题,实际上与关涉先例的权威性这个令人苦恼、无所适从的问题密切相关。无论是由这个或那个机构、无论是通过成文法还是通过判例法建立起来的规则,都难逃这一宿命。不管它多么确定,如果在公正的审判后发现它在运作中发挥的作用与法律所服务的目的不一致,那就必须予以修正。这种修正是一项精细的工作,不能由粗心冒失的人来承担,以免不必要地牺牲确定性和秩序,同时也不能因胆怯或懒散而逃避这份工作。我在其他场合已经指出了一些可以从我们的法律制度中根除的落后、过时之物。[17]这样的东西还可以举出很多。这种清理古老疫区的工作,有一些应由法官亲力亲为。在他们不愿或不能做的地方,就必须依靠立法机构。这里的困难在于在立法机构和法院之间建立某种沟通的渠道。这种渠道是非常重要的,首先,它可以使立法机关了解法院的需求;其次,在这种需求被知晓时,它可以得到明智而及时的满足。尽管我已经意识到这项计划存在缺陷,但我还是建议成立一个司法部。[18]"美国法律协会的规划"则更有希望获得成功,我在此次讲演中已经介绍过这一计划的概貌。该研究所当然应该是个全国范围内的机构。此外,对它的建议稍作修改后,可以被不同的地区采纳。地方律师协会或地方司法部门将由此得到一些标准,用以指导自己的决定,克服自己的犹疑,纠正自己的偏差。毫无疑问,回顾过去,许多财产或行为方面的规则,如果不采取严厉或压迫的手段,是不可能改变的,无论这些手段最初是否合理。据我所知,没有一个法官曾经想过要改变它们。手足无措的诉讼当事人在错误的判决之光诱骗下,进入一系列诉讼程序,在那光芒幻灭、判决被推翻时,只能面对毁灭的结局——这种景象多半是头脑发热时的虚构。法官曾经真正想过要改变的规则,仅仅是那些在事实本身被隐藏和掩盖后因非正义引起的规则。如果预先知道规则,可以预见到了变化,就不会有不同的行为。[19]有时候,变革意味着承担一笔本来可以省下的花费,但对于根除一个长期错误来说,这种花费实际上是很廉价的。一个人做出几美元的牺牲,就可以换来一种重新的调整,它可以在未来避免更大的牺牲。但是,如果司法过程由于没有外部机构的帮助便无法进行这种变革,那么,就有必要借助这种外部力量来提供这种帮助。有时候,只要与正义或公平的标准做一下比较,我们就可以知道一种规则运作得是好还是坏。我们通过良知的检视或借助于日常经验,就知道或能够知道这些标准。有时,离开科学家或社会工作者有记录的观察、收集到的事实和统计数字,以及耐心而成体系的研究,我们就无从了解规则的运作情况。格拉汉姆·沃伦斯(Graham Wallas)曾说:"任何职业团体最重要的职能之一,就是不断修正和充实其领域中的知识和思想遗产。这种职能在法律职业中尤其重要。法律是社会机体的框架,如果有大量受过良好教育、自由而富有创造力的思想家,能够根据我们现代的历史学、政治学和心理学知识,致力于追问法律的目的是什么,以及通过何种途径能够达成这些目的,那么,这会给人类关系之改进带来不可估量的好处。"[20]

法律因此与所有的政治和社会科学密切相关。[21]比如说,现在的问题是,妇女的工时是否可以用法规加以规范。在最高法院审理的"缪勒诉俄勒冈州案"(*Muller v. Oregon*, 208 U. S412)中就遇到了这样的问题。为支持该法规的有效性,布兰代斯大法官先生当时向法庭提交的案情摘要,提供了一种新的技术,即诉讼中的社会学方法。这份摘要没有过多地讨论判决、法律观念或抽象的论点,它通过大量引用全世界经济与社会科学的论据,证明了对妇女工时不加限制已被人们感到是一种罪恶,几乎每个地方都认为有必要用法规对这种罪恶加以遏制。这个案件或与其相似的案件,所面对的问题既是伦理问题,同时也是社会问题。但是同样的方法也能够适用于其他秩序的问题。法庭所面临的问题经常关涉规范企业活动或商业交易的规则。这时,经济和商业生活中的事实就是需要考虑的相关因素。曼斯菲尔德(Mansfield)勋爵在草拟商法时就对他们进行了考察,但他并没有穷尽它们的可能性。货物法、买卖法、合伙法、公司法,尽管有时不尽恰当,但仍受着实际功效考虑的引导。你们耶鲁法学院的卢埃林(Llewellyn)教授所作的演讲,就很好地阐述过这个问题。[22]他在总结自己的结论时说:"法律在认可和使得一种新兴的商业制度生效时,需要大大加快速度;它需要赋予那些制度更大的灵活性,而不是像现在这样对一个又一个案件中的细枝末节加以修正;它需要本着一个真诚的态度,着眼于相关制度的经济功能而非法律外壳,去做以上这两件事情;为了满足商业需要,法律的重述必须朝着这种目标付出艰苦的努力。"然而,该协会并不是更全面地确定经济生活之需要的唯一机构。联邦贸易委员会正在建立一套先例,以进一步明确商业惯例的性质。比较法学也在提供一些范例和建议,它与法理学之间存在着诸多的联系。

除了社会科学、政治经济学和商业惯例在法律发展中的影响外,还要加上哲学的影响。请记住,我这里说的不是法律的哲学,不是一种有关法的起源、成长、目的和功能的理论,而是一种有关法律体系内部的规则和观念的哲学,是一般性哲学理论对其形式和内容的反映。这两个主题倾向于合为一体。比如我们会发现,我们的法律起源学说中有一些哲学涵义,它在决定我们关于法律起源的基本观点中并不发挥作用,但它广为流传,影响着我们在具体争议中作出的判断。另一方面,有些哲学问题,就其一般性质而言,似乎与法学理论无关,但我们却会惊奇地发现,它是那些至少表面上属于纯粹法律问题的基础性、前提性问题。还有比真理本身的性质这种形而上问题更抽象、与实践更加背离的研究吗？有谁会随意地就认为，实用主义能给审判席的法官或律师席的律师提供某种信息？但是我不会怀疑确实有人听到了这种信息。实用主义通过强调功利标准，通过将是否适应其目的作为真实性的标准和依据，正在深刻地影响着司法思想的发展。实用主义的真理即使对那些思考形而上问题的哲人并不真实，至少对那些必须把思想变为行动的人来说，对那些不仅是科学家还是能工巧匠的人来说，对那些永远只满足于和完美无缺的理想相比有所欠缺的人来说，是真真切切的。实用主义教导我们每个人都要经受不可避免的妥协。桑塔亚那*说："如果我们使用'真相'一词并不是要表示事实的实际秩序，也不是对它们的准确描述，而是当成某种我们自己与现

---

* 桑塔亚那（Geoge Santayanna，1863—1952年），西班牙哲学家、文学家，批判实在论代表人物之一。——译者注

实进行调和的小符号,可以给我们带来宽慰、安全和保障,那么真相也将存在于妥协之中。对我们而言,真相部分是事实,部分是可操作的惯例和似是而非的真实。"[23]

再来讨论一下物质的本质和归属这个形而上问题吧。法律在极大程度上满足于成为未接受过形而上教育的平常人所接受的检验和确认归属的标准。然而,她有时会走得更远一些,尽管这可能是她力所不及的。一棵树生长在边界线上,它扎根于一个所有者的土地上,枝干却伸到另一个所有者的土地上。庞德院长向我们展示了确定树的归属、调解相关争议所有人的主张的亚里士多德哲学。[24]谷子被一个违法者卖掉,在交付给善意的买主之后被酿成了威士忌。[25]归属问题又产生了。[26]物品混合(the confusion of goods)的全部问题都浸淫着古希腊哲学家与中世纪学者智慧的琼浆。本质从偶然性中划分开来,基本物与附属物区别开来,属性与形态区分开来。[27]法官有时还要同因果性问题作斗争。[28]形而上理论对公司法和法人理论的影响甚至更加显著。

我并不是说哲学入侵这些领域总会带来非常完美的结果。她的一些功绩与其说是范例,不如说是警示。如果事实确实如此,那就不应当不加区分地责备法律人。哲学家自身对哲学的范围和功能的一种更合理的观念,本来极有可能指引我们得到更加明智的结果。这样一来我们的思考就可以更加集中在实践的结果而非抽象的观念上。杜威教授告诉我们,哲学作为曾经充满思想性的研究领域,已发生了翻天覆地的变化,正在变得越来越有效和实际。[29]他说,它越来越多地面向"人性所遭受的重大社会和道德上的缺陷与问题"[30]。它把"注意力集中于厘清这些邪恶的根源和确切的性质,集中于树立更好社会可能性的清晰观念。简而言之,就是集中于设计一种观念或理想,它不是表达另一个世界的概念或一些遥远的不切实际的目标,而是能够被用作理解和纠正具体社会弊病的方法"。难道不可以说,在法律中被人感受到的社会学方法,在其他领域,甚至是被哲学保留为自己专有领域的高地上也发挥着作用吗?如果哲学在法律中的应用有些并不能促进法律的改良,那么错误不在于假设哲学是个有益的向导,而在于认为哲学与经验和生活相悖。人们必须仔细挑选自己的向导,即便备选项披着种种学派的华丽服饰。没有必要警告学生不可用哲学的教义去培养法律。倒是必须提醒他们,应当警惕那种披着伪装,秘密潜伏在现行法律中的哲学,在它隐藏时揭露它,并检验它的真伪和价值,准备好在它有缺陷或陈旧过时之际及时地纠正或抛弃它。学生们对过去和现在的哲学了解越多,他们就会有更敏锐的目光和更犀利的判断。

当司法过程变成一种创造性机制时,有一些人就会被它面对的困难搞得灰心丧气。他们把它限制在模仿复制的范围内,而把创造的工作留给立法。如果历史能够证明立法足以担此重任,或在可见的未来它有望做到这一点,那么我保证会准备加入他们之列。我已经惊讶地看到,甚至在我们今天的法庭里,聚集着许多拥护严格而永久的权力划分——法官是解释者而立法者才是创造者——这种见解的狂热信徒。数月前,《纽约法律杂志》刊登了一些读者来信,对于最近宣布的一个判决,有人表示赞许,有人提出了批评。批评者中的一些人认为,遵从先例的规则已植根于宪法之中,因而偏离该原则的法官就是越位者,尽管被法官忽略的先例早就像墓穴一样腐朽,但律师把它从墓穴中挖出来并暴露于新时代的阳光之下。"遵从先例"(stare decisis)并不见于宪法。但是,只要立法机构构成法律成长的充分力量,我大致会把它归到宪法中去,并补充上机械而刻板的复制的要求。如果说数百年的历史证明了什么,它所证明的也不过是——我们还需要更多的东西。这些试探性和不确定的探索,也许会遭到强烈反对。但如果我们不想盲目地扎进黑暗,这些探索依然是不可避免的。从完整的成文指南或交谈技艺的手册中,永远无法为独一无二的情形找到现成的答案。正义不是在狂风骤雨中获得的,它是从缓慢的进步中不断争取而来。以法规代替判决,转移了权威的中心,却并未增加受着灵感启迪的智慧。如果立法机构取代了法院进行创造性活动,每次庭审就必须有一个立法委员会站在我们背后,扮演起高等法院的角色。没有人向我们保证,这样做出的选择会比我们自己的选择更明智,但是这种形式将使得它面临不可能退却或妥协的严酷局面。我们将把法官手中的试错过程,换成立法委员会手中的试错过程。要知道,法官会把这种过程作为其终身事业,立法委员会则只能从繁琐的要求中节省出时间来用于这个过程。纵使我们能够相信业余爱好者比专业人士更聪明,他们所开的药方对于他们所观察的病人来说,或许也已为时太晚。不考虑症状的变化就把这个药方用到其他病人身上,可能弊大于利。我并不想过分贬低法规作为一种改良工具的价值。立法机构能够根除癌症,矫正一些长久以来的积弊,消除若干明确断定的罪恶,但它却蔑视那些微弱的补救、区分和法律推定,而这些在司法过程中比比皆是。[31]立法机构也能不时总结和简化法庭得出的结论,并赋予它新的效力。然而,即便如此,它的作用也是有条件和短暂的。这种循环没有尽头,"解释紧随法典而至,解释之后跟着修正,于是永远也不能完成这个任务"[32]。把规则、原则适用于不断变化的复杂的案件事实,需要法官的创造性工作。你可以称赞或批评我们的工作,可以让我们保留自己的名字,也可以给我们贴上其他标签——仲裁者、评审员,诸如此类。但是,过程依然如故。

对法院的创造性活动存在着许多怀疑和敌视,它们即使不存在于法律人头脑中,也会存在于普通人头脑中,而这都要归因于一种普遍的假设:立法者制定的法规才是典型的法律,法官的工作是在找到一条只能阅读和理解的命令后,把它运用于事实。用弗兰克福特(Frankfurter)教授的话说,法院"变成了一些词语的解释者,这些词语的含义是其本身决定的,内容固定不变,它们在无情的推理过程中就能彰显其含义"[33]。即使法规确实构成我们法律中的很大一部分,对司法过程的这种见解也是站不住脚的,何况事实上它只是其中较小的一部分。布赖斯(Bryce)勋爵*在《美利坚合众国》中提醒我们,普通人在日常生活中,受到的是州法律而不是联邦政府即国家法律所规定的限制。[34]与写作《美利坚合众国》时的情况相比,对日常生活的这种描述,就现

---

* 布赖斯(Viscount James Bryce,1838—1922 年),英国外交家和历史学家,曾任外交国务大臣(1886)、驻美大使(1907—1913 年)和海牙国际法院法官,著有《现代民治政体》《美利坚合众国》等。——译者注

在而言也许已经不是十分准确了[35],但它大体上仍然符合事实。相应地,我们也可以说,在日常交往中,普通人并不是受法规统治,而是受着普通法,或至多是以普通法为根据、只在细节上对普通法基础作了修正的法规的统治。[36]未能充分领会这一事实,导致了对本来应被视为既恰当又正常的创造性活动的不信任。一条规则在起源上是法院自己的创造,并假定在制定时体现了当时的风俗习惯,当风俗习惯大为改变,以致固守规则将违背社会良知时,法院就可以废除这个规则。毫无疑问,这里有必要考虑人们是否善意地在该规则继续有效的假设下行事,如果他们是这样做的,那么原来为获得以某种方式行事的允许而诉诸的社会良知,也许会禁止那种改变。依我看来,这些合法的对既定错误的依赖——它的根系非常发达而深入,以致其即使得不到尊重,也得到了人们的容忍——的案件要少于我们中一些人的想象。如果在极端的案件中可以废除规则,为不断适应变化多端的情况,在任何时候此举都是可以被允许的。这不是逾越,甚至不是革新,这是为我们自己保留创造的权力。过去的法官正是运用这种权力建立了普通法。

这种创造的权力,如果需要运用想象力和理解力来行使,就急需一种法律哲学,一种有关它的起源、成长和目的的哲学理论。由此我们才能免于陷入一种经验主义,它在一种观点中只能找到需要服从的命令,而非产生启迪的预言。布兰代斯大法官先生在"华盛顿州诉道森公司案"(State of Washington v. Dawson & Co., 264U.S.219,236.)的反对意见中,对这个观点的真正内核作了令人赞叹的阐述。在谈到对已被证明不可行的规则应当加以限制时,他说:"对先前公布的原则的这些限制以及这种反对意见的表达,往往是必要的。它是法院寻求真正规则的最后手段中不可避免的事情。这种在规则的发展中经常被采用的取舍过程,不可能随着它得到宣告而终结。所宣布的规则必须被当做尝试性的东西,因为它将要适用的众多不断变化的事实是无法预见的。修正意味着成长,它是法律的生命之所在。"人性注定了我们会反对这种方法,因为它耗费了我们很多脑力和体力,我们总想在机械的检验上停步不前。确定性的虚幻希望迎合着人的意识,它太容易接受惰怠的建议。拉伯雷(Rabelais)讽刺作品中的英雄人物之一布雷德古斯(Bridlegoose)法官,把机械检测的方法推向极致,他所采用的方法背后的动力是惰怠而非恶意。费城孤儿法院(the Orphans' Court of Philadelphia)的格斯特(Gest)法官一次有趣的演说让我们重新想起了他。[37]他在担任法官期间一共审理4000个案件,这些案子都是通过抓阄方式判决的。其中2309件提出了上诉,而每一个上诉都维持了原判。这里,可在考察司法过程中已经揭示的方法上再加上第五种方法。如果它因为不恰当而被丢弃,那么其他方法将需要一种如种族文化般丰富而多样的工具。我们应保持警惕,防范那种让我们妄自菲薄的心态。法官有变成皮特大臣(Pitt's minister)的危险,他优柔寡断,摇摆不定,在消遣活动中总是迟到,因为他拿不定主意是去赴约还是待在家里。[38]当然,事实是,每个让人疑惑的案件都包含着一个如何精巧地平衡的两难选择,无论我们为此争论多久,也不管我们考虑得多么周全,我们永远也不可能达到确信。桑塔亚那尝言:"选政府就跟选妻子一样,通常只有两三个候选人。一个自由民所享有的最大权利,就是充满希望地宣布哪一个是他想要的,然后忍受他所选出的这位。"[39]就是在这种无可奈何的态度中,法官必须决断,律师必须服从。

这项任务会令最聪明的智者也遭受挫折。法律是对秩序原理的表达,要想避免集合体中的单元、群体中的个体间的摩擦和浪费,作为社会成员的个人就必须使自己的行为和关系服从这一秩序。[40]如果那些系统阐述它的人——律师、法官和立法者——对他们受命阐释和维护其内在和谐的生活的各个方面视而不见,这种表达有可能就是错误的。[41]我们没有人同时拥有如此敏锐的洞察力和宽广的视野,能够深入观察这些从未测量过的深渊,把这种隐蔽的前景一览无余。我们多半只能依靠过去积累起的经验,依靠这种经验背后的普遍真理、原则、规则和标准。长久以来,我们任何人对它前进所作的积极贡献,都是微乎其微的。我们所能作的积极贡献,需要我们当中或我们以外的每个人随机应变,释放每个弯曲所积蓄的能量,穷尽每种可用的资源。乌尔比安说:"法理学是人与神的知识,是正义和非正义的学问。"这个定义人们耳熟能详,却不止一次被讥讽是空洞的说教。我们怀疑这种嘲笑是否像它看起来那般合乎时宜?腓特烈·波洛克(Frederick Pollock)爵士在一篇鼓舞人心的文章中提醒我们[42],与许多更为冷静也更为精确的科学中的枯燥说辞相比,富有启发性的一般见解也许包含着更多诚实的真理。我们对终极世界的窥探,我们对哲学和法律赖以获得永恒本质的高远天穹的仰望,会用某种亲切的信念来充实你我。至少我们不会犯下只考虑我们自己的职责这种大错。我们将会看到,在我们小小的教区里也有通往永恒的光明前景。我们将会知道,裁判的过程是永无休止的运动中的一个阶段,它需要身在其中的每一个人做出能动的、创造性的努力,不是模仿,不是毫无生气地、机械式地重复。

最后,还是让我回到一开始引用的名言吧:"法律必须稳定,但不能一成不变。"变化与运动的奥秘依然困扰着人们的思想,就像有思想记录之初,它困扰着埃利亚学派(the Eleatics)一样。我不敢自负地说我已经为各位提供了打开奥秘之门的钥匙,即一个更重大、更深刻的原则,它将使两种看上去相互冲突、相互矛盾的观点达到和谐。我只能告诫各位,那些只看这边不顾那边的人,祭拜的将是错误的神明,并因而被引向歧途。胜利不属于那些坚持僵化的逻辑的人,也不属于那些让所有规则和所有先例平起平坐的人,胜利将属于那些知道如何将这两种趋势融合在一起,以适应一个尚待完善的目的的人们。如果各位抱怨说,我所做的一切仅仅是说明了存在一个问题,对此我不会见怪。我至多只能做到如此。我们至今尚未对它的答案达成共识,虽然这很重要,是我们工作的基础。我们的法院及其判决已经存在几个世纪,但是由于缺乏一种广为接受的法哲学,我们仍然没有能够为我们的法官制定出用以规范他们裁决方式的基础性的、支配性的原则。我们仍然不清楚我们的权力和职责。对于一些案件来说有着明显益处的趋势,对于另一些案件来说却是明显的错误。一个法官坚信正确的方法,却遇到另一些具备同等能力又有良知的人的挑战,声称那方法是错误的。我深深感到,如果我们对这个问题的答案有一个更好的理解——尽管这在今天也许只是一种奢望,那么,我们的许多麻烦就可以得到解决;我深深感到,法院受到的许多批评和它犯下的许多大错,都源于我们对司法权的限制、司法功能的本质、司法过程的性质等问题的错误认识,或至少是不同的认识。在我们对这些基本问题达成某种共识之前,我们大概不能指望去消除那些想约束司法的急躁心态,也无法消除对司法权完整性进行颠覆的侵犯活动。

为这种更好的理解而发出的呼唤,仍在回响,并等待着人们做出正确的回答。

---

[1] *Sun Printing & Publishing Co. v. Remington Pulp & Paper Company*, 235 N.Y., 338. 当然,如果被省略之条款无关紧要,法院的判决可能会有所不同。(I Williston, Contracts §48)但是,留由后续协议确定的支付价格通常被列为基本条款。

[2] Fosdick, *Christianity and Progress*, p. 111.

[3] *Imperator Realty Co. v. Tull*, 228 N.Y. 447, 455.

[4] See *e. g.*, St. *Regis Paper Co. v. Hubbs & Hastings Paper Co.*, N. Y. 30. *Murray v. Cunard S. S. Co.*, 235 N. Y. 162.

[5] Matter of Rouss, 221 N. Y. 81, 91.

[6] *Cf.* Holmes, *The Common Law*, pp. 1, 2.

[7] James Harvey Robison, *The Mind in the Making*, p. 11.

[8] *Brown v. U. S.*, 256 U. S. 335.

[9] Penal Law, § § 42, 1055; *People v. Johnson*, 139 N. Y. 358; and *cf. People v. Tomlins*, 213 N. Y. 240; *People v. Fiori*, 123 N. Y. App. Div. 178, 188, 189, 190.

[10] Professor Herman Oliphant, *The Problems of Logical Method*, vol. X, Proceedings of Academy of Political Science in New York, p. 18.

[11] *Truax v. Corrigan*, 257 U. S. 312; *cf. Adams v. Tanner*, 244, U. S. 590, 600.

[12] Ehrlich, *Grundlegung der Soziologie des Rechts*, 346.

[13] Bannister, "Interstate Streams in the Arid West," 36 *Harv. L. R.* 960.

[14] Bannister, *supra*.

[15] Bannister, *supra*., p. 962.

[16] Bannister, *supra*. P. 961. *Wyoming v. Golorado*, 259 U. S. 419.

[17] 35 *Harv. L. R.* 113.

[18] 35 *Harv. L. R.* 113.

[19] Cf. *The Nature of Judicial Process*, p. 146.

[20] *Our Social Heritage*, p. 126.

[21] Vingoradoff, *Historical Jurisprudence*, vol. I.

[22] X Proceedings Academy of Political Science, pp. 24, 32.

[23] Santayanna, *Soliloquies in England and Later Soliloquies*, p. 83.

[24] Pound, "Juristic Science and Law," 31 *Harv. L. R*, 1049, 1050.

[25] *Silsbury v. McCoon*, 3 N. Y. 379.

[26] Buckland, *Roman Law*, 210, 216.

[27] Winderband, *op. cit.*, pp. 52, 66.

[28] *Bird v. Ins. Co.*, 224 N. Y. 47; *Lewis v. Acc. Ins. Co.*, 224 N. Y. 18.

[29] Dewey, *Reconstruction in Philosophy*, p. 122.

[30] Dewey, supra, p. 124.

[31] "A Ministry of Justice," 35, *Harv. L. R.* p. 113.

[32] 35, *Harv. L. R.* p. 113, 117.

[33] Frankfurter, "Mr. Justice Holmes' Constitutional Opinion" 36 *Harv. L. R.*, 912.

[34] Bryce, *American Commonwealth*, vol. I, chap. 36, pp. 411, 412.

[35] See Pierson, *Our Changing Constitution*.

[36] *Cf.* Pound, *The Spirit of the Common Law* ch. I.

[37] Pennsylvania State Bar Association, June 26, 1923.

[38] John Morley, Burke, p. 195.

[39] *Soliloquies in England and Later Soliloquies*, p. 175.

[40] Pound, *Criminal Justice in Cleveland*, pp. 563, 564; cf.

Geny, *Methode d' Interpretation en droit prive positif*, vol. II, p. 221.

[41] Ehrlich, *Grundlegung der Soziologie des Rechts*, 384.

[42] Pollock, *The Methods of Jurisprudence*, p. 5.

附 录

医学能为法律做什么?[*]

有人说,最早的医生就是僧侣,就像最早的法官乃是宣告天命的统治者,他身兼统治者和僧侣两职于一身。现代研究告诫我们,这些说法虽有以偏概全之嫌,但其中仍有一些正确的部分。我们的不同职业,即医学和法律,随着时代的变迁已分道扬镳,然而在早期,二者相距其实并不遥远,它们各自都笼罩着一圈不是神学的,就是超自然力量的光环。直至今日,它们依然各自

---

[*] 本文系卡多佐 1928 年 11 月在纽约医学院演讲的讲稿。原载 *Bulletin of the New York Academy of Medicine*, vol. v, July 1929, No. 7。

保留着对方的某些特别的踪迹,那是其出生之初特有的东西。医生依然是奇迹的创造者和预言家,身体欠恙时,我们依赖他们对病因进行解析。在身体健康时我们可能嘲笑他们,但病痛发作时,我们又不得不求助于他们。至于法官,若落入他手,他就成了希腊人的西弥斯(Themis),主宰着神秘的命运。你或许无法理解他的话,但是他会让你感受到这些话的后果。对他人而言,我们每个人都是一种神秘的存在,是一种需要去顺应的神秘莫测的力量。"不要说强大敌人的坏话。"被誉为古代法律先贤之一的塞尔登(Selden)在其《闲谈》(*Table-Talk*)一书中如是说。"不要说强大敌人的坏话,要说好听的话,这样即使有一天落入其手,他也会手下留情。"有一个西班牙人在弥留之际做到了这一点。为了劝其忏悔,牧师告诉他魔鬼是如何折磨进地狱的恶人的。这个西班牙人便将"魔鬼"改称为"我主",并回应"希望我主不会这么残酷"。牧师训斥了他,但是这个西班牙人却答复说:"请原谅我把魔鬼称为'我主',因为我实在不知道自己死后将会落入谁的手中,倘若我最终落入他的手中,我希望我所说的好话能让他对我仁慈一些。"至少在某些极端的时刻,无论法官、医生还是魔鬼,都是一样的。

现在正是这种极端的时刻之一,即我发表这个周年演说之际。你们学院的院长或许被一种我不清楚的力量所触动,似乎有一种模糊的不祥预感,就像那位先生在牧师面前说那番话时的预感一样,以诚实温和的语气邀请一位法官来此布道。这的确不太寻常,然而更让人匪夷所思的是,这位法官竟然答应了。但在答应之后,他并没有被自负所蒙蔽,觉得他所传递的任何信息都值得人们耐心倾听。他甚至放弃那种模糊不明的不祥预感,即有必要博得各位的好感,以防将来走投无路而被迫寻求你们的帮助时,诸位能够帮他一把。他并没有其他的想法,只是想表达纯粹的友谊,这是为了共同的追求而团结在一起的团体之间应有的友谊;我们都追求着社会秩序的规则,健康和疾病的规则,它们就是在个人或社会看来被我们称之为"法律"的东西。

事实上,我越是深入思考,就越感到我们这两个团体之间联系紧密。这一点也不奇怪。就在前些天,我还在读哈佛大学校长劳伦斯·洛威尔博士(Lawrence Lowell)向该校的督学所提交的报告,这是一份十分有趣的文件。他提及了一种全新的教育理念,并将它称作是知识的延续。一种根深蒂固的观念认为,科学的分门别类与时间的划分极为相似,在太多时候这被当做真实而绝对的东西来对待;但现在我们需要更加全面地认识到,它们仅仅是人脑思考的产物和节省劳力的手段,它们能帮助人类进行思考,但是正如有助于人类思考的其他东西一样,如果忽视或忘记了它们的起源,就会对人类的思考产生错误的导向。也正基于此,物理学家开始向化学家学习,动物学家向植物学家学习,经济学家向政治家和社会科学的学者学习,医生向心理学家学习,诸如此类,并且这种学习是相互的和没有界限的。有人告诉我们:学科之间严格的分界正在消失,我们意识到所有的学科都在不知不觉地渗透进另一些先前界限分明的学科。类似于这种知识延续性观念的思想,也在逐渐渗透到法学领域。在最近的庭审中,我所在的法院接到一个案子,我们借助了一位化学家的智慧,从而对案件作出了明智判决;另一个案子我们借助了一位通晓机械科学的人士的智慧;还有一个案件,我们向生物学和医学的学者求助,诸如此类,不一而足。我并不是说我们能够从我们的知识资源中汲取这种智力帮助,但至少在理论上,当事人有理由希望我们如此。并且作为法官,我们的工作效率也会因此大幅提高,我们所提供的产品质量应当更可靠、更丰富,使其与我们将理论适用于现实的能力相匹配。法律界日益认识到,我们在解决法律问题时,使我们产生分歧并扰乱我们思路的,不是法律方面的不确定性,反而是事实,即那些基以生成法律的事实的不确定性。搞清楚这些事实的本来面目,法律就会从这些事实的种子中发芽,在阳光下枝繁叶茂地生长。就像你们会犯错误一样,我们法官的判决失误也将成为人们茶余饭后的谈资。如果在判决之前就已经弄清楚了事实,那么其中最严重的判决失误是可以避免的。纽约州曾经武断地颁布了一项禁止妇女从事夜间工作的法规,这项法规在1907年被上诉法院裁决为无效。但在1915年,依据科学家和社会工作者的调查和研究结果,一项类似的法规却被同一所法院判决为合理和有效(*People vs. Schweinler Press*, 214 N. Y. 395)。借用我自己的话说:"今天的法院已经明白,对一项法规的审查不应孤立地或在真空中进行,不应把它当做指导理想社会建设的抽象原则进行宣示,而应结合国内外经济学家和社会学家的研究所揭示的当前社会背景和框架来进行。"[1]

这样的例子不胜枚举。人们一次次要求我们宣布取消某个立法的有效性,理由是它不当地干涉了个人自由,这种干涉在某种程度上说是通过每一道命令或禁令实现的。毫无疑问,除了无政府主义者,绝对的自由对于任何人来说都是不可能的,无政府状态不是法治,相反却是对法治的否定和践踏。法案和禁令中的不恰当因素,无法通过一个永远有效的形而上原则进行推理的过程提前获知,相反,只有对需要补救的不妥之处具备了相应知识,才能了解这些不恰当因素。在制订应对或解决此类不恰当因素的补救措施时,应考虑这种知识,而这种知识,恰恰是关于事实的知识。为了探寻有关合宪的限制,即对自由和财产可允许范围内的限制等这类新问题的出路,我们不会单纯求助于某种深奥的法律教义。我们经常求助于生理学、胚胎学、化学或者医学领域——求助于某个詹纳(Jenner)、某个巴斯德(Pasteur)、某个菲尔绍(Virchow)或某个利斯特(Lister)*,就像我们会下意识地求助于某个布莱克斯通(Blackstone)或某个柯克(Coke)一样。即便如此,我们仍要努力明确自身的位置,并表现出非专业业余爱好者所应有的谦卑。在不同学派的思想冲突中,我们不能以法官的身份自居。在有争议的法规中所体现的观点,至少在真正的科学领域得到了可敬的支持——不论是来自它的赞成者或是它的批评者,但这些对于我们来说已经足够。对于任何一个团体或个人来说,工作时间及精力不都是只能限制在某一个领域吗?生理学家和社会学家一样,必定只能分别为我们提供适用于问题解决的知识体系。有很多案例,比如纽约州上诉法院1915年裁决的"人民诉施温勒出版社案(*People vs. Schweinler Press*, 214 N.

---

* 詹纳、巴斯德、菲尔绍、利斯特均为著名的医生、医学家、病理学家。——译者注

Y.395)",以及联邦最高法院1908年裁决的"缪勒诉俄勒冈州案(*Muller vs. Oregon*, 208 U.S. 412)",都说明了这一点,即其他领域的工作者把富有启迪性的事实摆在法官面前时,由法官来作出裁决。是否应给公立学校的学生强制性接种疫苗?你可以参考法院在审理1904年"威梅斯特案"(*Viemeister*, 179, N.Y. 235)和一年后审理"雅克布森诉马萨诸塞州案"(*Jacobson vs. Massachusetts*, 197, U.S. 11)时作出的裁决。就在几天前,我所在的法院审理了对牛群进行结核菌检测是否适当的案件,在该检测中被测出呈阳性的那些不幸的家伙将被隔离或被宰杀(*People vs. Teuscher*, July, 1928, 248 N.Y. 454)。对于科学事实的质疑是另外一些问题的核心,它们形式上是司法问题,但我感受到其中反映着一种强烈的情感诉求。这是什么饮料,它何时会让人产生致醉感?我们还是不要给予相关答案的提示吧,以免揭开旧伤疤。

我们现在期待着你们这些研究人类肉体和精神的专家,提供关于事物真相的充分有效、持久滋补的营养,在艰难的时刻为我们的法律机体注入活力。在当今的刑事司法领域,这一点尤为重要。在我所在的法院,刑事上诉案件只占很小一部分,也就是8%至10%,但往往刑事案件却因案情具有戏剧性,容易引起公众的关注。无论如何,从社会效果看,刑法有其重要性,而这种重要性没有完全反映在统计平均值和会计报表中。在刑法领域,医生的影响力日益彰显。如今,在研究犯罪学的学者中,有许多人主张应当把全部的罪犯惩罚的事务由法官移交给医生。由法官和陪审团组成的法庭,其任务是发现有罪或无罪的事实,事实一经认定,就应当由医生接管犯人,并决定如何处置他们。史密斯州长在1928年给立法机关的咨文中,就提议由预防犯罪委员会(Crime Commission)对这项改革进行研究。他说:"我认为,正义有时会遭受挫折,因为一个既定罪行的判决思想会影响对被指控嫌疑犯的判决,因此我建议预防犯罪委员会仔细研究并全面考虑对刑事判决方式进行根本的变革。罪行经合法的司法程序认定后,我更愿意看到的是,已经被判有罪的罪犯,不是由法官按照法规作出判决,而是由政府来关押,而后应当成立一个由精神和生理专家组成的小组进行仔细研究,在研究清楚每个案件的所有因素之后,才决定对该罪行的刑罚。我知道,这种根本性变革非常复杂,甚至会涉及修改宪法。因此,我提议各位尊敬的先生,你们要让预防犯罪委员会向你们提出报告,在恰当而谨慎地研究这一建议后,告诉我们,这种变革是否可行以及应当如何落实。这种想法之所以吸引我,因为它是对待罪犯的一种现代的、科学的和人道的方式。"

这里提出的改革设想并非即兴拼凑的主意,也不是突发奇想。若干年前,刑法和犯罪学研究所的一个委员会就曾提出过这种建议,这个委员会的主席是阿诺德

(Victor P. Arnold),他是芝加哥少年法院的法官。这个委员会特别强调:"在有可能用监禁方式予以惩罚的所有重罪和轻罪案件中,责任追究的问题不应当提交给陪审团,召集陪审团只为判定该案的违法犯罪行为到底是不是被告所为。"而且,"对这些重罪和轻罪的处置和对待(包括处罚),也即判决,必须建立在与法庭合作的合格、公正的专家对个体罪犯进行了仔细研究的基础之上"[2]。格洛克博士(Dr. S. Sheldon Glueck)的著作《精神失常与刑法》(*Mental Disorder and the Criminal Law*),是近年来犯罪学领域最精细的研究成果之一。在这本书中他指出:"如果不考虑罪犯的病理状态,只采取社会性的法律处罚(socio-legal treatment),那么看起来最简单的设计就是让法律作出有罪或无罪的判断,就像今天它正在做的那样。实际上应设立一个行政管理机构(大致是一个由精神病学家、心理学家、社会学家以及其他人士组成的委员会),让它在罪犯失去法律保护时发挥作用,由它来决定适用于具体罪犯的社会—刑罚的处罚以及处罚期限。"[3]格洛克先生在发表于《哈佛法律评论》的一篇题为"一部合理的刑法典"的有趣文章中[4],进一步阐明了这一观点。他提出,对犯罪的最低刑罚应当由法律做出规定,但对每个犯罪的最高惩罚则不应加以限制,应当把它留给精神病学家和医生们,让他们在研究个案情况之后再对每个犯人作出决定。[5]即使是现在,在欧洲大陆一些国家,例如瑞典,如果一个人的精神能力低下,尽管没有精神失常的嫌疑,他也会被带到政府机构的精神病学家那里进行检查,他们会在判决作出前向法庭提出相应的建议。[6]

生物化学家关于内分泌腺手术的研究,目前也对上述这类改革产生了推动作用。虽然它们的大多数结论还停留在推测和假设的阶段,但其著述还是有助于唤起公众了解罪犯精神状态的兴趣,让许多意识不到问题存在的人,认识到开展研究的必要性和刑罚改革的可能性。在无法把性格归因于某种化学反应之前,人的善恶一直被归因于身体机能的紊乱。一个研究内分泌的学者说:"影响着大脑、神经系统以及身体各部分内分泌的,就像血液循环的基本化学物质一样,被发现是人的本能和气质、情感和反应、性格和脾气、善与恶的真正主宰者和调节者。"[7]这方面更为古老的呐喊来自苏格拉底在柏拉图《理想国》中发出的声音:"我相信,不是良好的肉体凭借自身的卓越造就了灵魂之善,恰恰相反,善的灵魂凭借自身的卓越可以促使肉体尽可能完美。"在过去,世俗的和教会的改革家为罪犯提供了大量道貌岸然的劝诫和布道,但未来的罪犯将很少得到这样的布道和劝诫,提供给他们的将会是一定剂量的甲状腺素和肾上腺素,直到他们脱胎换骨。安静地坐在家里读着那些强奸和抢劫的恐怖故事的守法良民,想着罪犯的身体在法律控制之下进行着人格的"蜕变",也许会感到安心。

在我所讲的这些话中,我不想表达对撤销法院刑期决定权之设想的同意或反对。不必接受"善恶并非精神的结果,而是身体荷尔蒙过盛分泌的产物"这种信条,人们同样可以看到明智的改革。对于这个问题,我们中间有许多人,也许是出于我们的无知,似乎乐于回应杰克斯校长在他那本富有启发性的小册子《建设性的公民》(*Constructive Citizenship*)中讲过的话。他说:"我也认为,我们中的大部分人都愿意我们的邻居以宽宏大度的心态来理解我们的恶(而非我们的善),但几乎没有人——哪怕是最卑鄙的人——会习惯把这种态度用于自身。当我们把它用于自身时,一个内在的声音会说:这是错误的。"杰克斯所言涉及另一个较早的犯罪学的信条,即善恶乃是环境的产物,但他的话恰好也很符合"善恶乃是腺体的产物"这一观点,虽然在不同情况下,厌恶并不等于反对。然而,至少就我们的意图而言,这都是些题外话。就像另一些信念的新信徒一样,"善与恶乃是内分泌的同义词"这一新理论的发现者也许夸大其辞,让一个非常有用的观点承载了太多的负荷。证实天赋伴随着一定生理变化或反应,并不等于证实了这种生理变化或反应与天赋是一回事。[8]可是这并未削弱我的一个坚定信念,即在不远的将来,生物化学家、行为科学家、精神病学家和犯罪学家的教诲,将会改变我们的整个刑罚体系。此时此刻,尝试对结构性转型的路径进行预测是徒劳的。我们必须保持敏锐的观察和警惕,否则会被你们彻底取代。他们不是讲述过希波克拉底(Hippocrates)的寓言吗?他为了独占知识,放火烧毁了位于格尼杜斯的健康神庙(the Temple of Health)的图书馆。我们是该坐在你们旁边,坐在你们之上或者你们之下?事态将会如何发展?对此我无法言说。医生或许仅仅是法官审判时的助手,或许作为这项工作的一部分,他们甚至有可能把法官赶走。在一些犯罪中,要对罪犯进行监禁,在另一些犯罪中,要给予罪犯较轻的惩罚,这也许保留了当前监禁制度所具有的性质。但无论怎样,变化迟早会到来。

我们当前的惩罚制度常常在该宽松时过于严厉,而在该严厉时又过于仁慈,至少它的批评者是这么认为的。它是过去时代的残留,那时人们认为,对犯罪的惩罚乃是私人复仇以及随之而来的私人战争的替代品。"国王的安宁"这句习语说的就是这个意思,公爵、伯爵、主教不过是分别在各自的领地上维持着安宁,这就需要用统一的、普遍的安宁,即国王的安宁来取代这种状态,在整个国家范围内建立起唯一的统治。在波洛克爵士精彩的文章中,有一篇对此进行了详尽的阐述,其中包含了对历史研究者而言弥足珍贵的大量事例。[9]我们已经摆脱了以血还血、部族间的仇杀以及另外一些形式的私人战争,但在制定刑法时我们并未忘记在追究与惩罚中发泄愤怒。我倒不是说把它们全部忘记是明智的。尽管它非常残忍,但复仇的渴望是客观存在的事实,国家也不应当忽视它,除非人性已被提升到比人类在其漫长斗争中所能达到的顶点更高的水平。如果完全不考虑这种感情,则决斗或复仇很可能会卷土重来,警戒委员会和"私刑法官"可能会挤走警察和法庭。即使忘记复仇,只考虑社会后果,在惩罚的威胁中依然包含着一些禁令,如果人们失去了对这些禁令的感觉,后果将是社会承受不起的。格洛克博士说:"机械主义的存在并不意味着人类没有能力自觉地、创造性地引导自己的行为与法律要求保持一致。"惩罚确实是必要的,它不仅威慑着那些内心有犯意的、存在犯罪冲动的、游移在犯罪边缘的人,而且还威慑着社会上那些从来没有过犯罪动机或者因为害怕而回避犯罪的人。我们大多数人都会对抢劫或伪造的行为深恶痛绝,因而抢劫和伪造的诱惑从来没有进入我们的选择范围,它从来都不是一种真正的选择。然而,毫无疑问的是,之所以会产生这种厌恶,原因之一在于刑法对这类罪行的制裁使它蒙上了耻辱。如果这种耻辱感消失,畏惧也将减退。

虽然我怀有这些想法,但是,在许多人看来,现有的制度在其仁慈的一面中包含着不合理,在其严厉的一面中也存在着不合理。那些被同异端、惯犯放在一起进行改造的偶犯,经过灾难性的数年之后重返社会,却成为一个被社会遗弃的人。至于那些有缺陷者和惯犯,他们的救赎更是没有希望的,在经过一段相似的牢狱生活之后,他们回到社会,重操犯罪的旧业。除非他们摆脱自我,否则将无法避免这样的命运。研究人的肉体和精神的学者相信,我们犯罪学的大部分内容都是无用和无益的废话,而这在过去是从未有过的。其中一位学者有言:"建立一个机构,把有缺陷的人长期监禁作为对其错误行为的处罚,然后在未对其错误原因进行处理的情况下将其释放,这是一种愚蠢的做法。"另一学者也说道:"对占很大比例——这个比例有待确定——的犯罪分子来说,将他们监禁一段时间后再给他们自由,这就像把白喉病菌携带者隔离片刻又让他混入人群四处传播一样。"[10]在本州最近的立法中,尝试性的变化已经开始出现,虽然在很多人看来显得过于机械和绝对。截至目前,一项英国的法律很可能已经指明了进步的方向,它以一种被称作"预防性拘留(preventive detention)"的有弹性的刑期取代目前的监禁刑期,拘留环境也有所改善。怀特岛上的一所军营正被辟作这一用途。[11]从这些或另外一些类似的制度中可以看出,我们刑法体系中的惩罚与补救措施有进行调整的必要性。

如果要想对有缺陷的同胞充分尽到我们的责任,就必须作某些调整。用你的目光扫视一下那些被判死刑罪犯的一生,展现在你面前的那些不可避免的人生轨迹,都是一个《浪子的历程》(Rake's Progress)的故事,它比贺加斯(Hogarth)创作的画作更让人难以平静。惩教学校、教养所、新新监狱(Sing Sing)或丹纳莫拉监狱,最后是电椅,厄运的黑手从一开始就笼罩着他。这种罪恶实际上是我们的罪恶,是刑罚制度的罪恶。当这个牺牲品的经历被清楚地记录在法院卷宗,其灵肉被打上屈辱的标志时,我们的刑罚制度却让他任凭命运的摆布。我并不是说在处理这些问题时要采用靠经验的"大拇指法则(rule of thumb)",我作为法官在一些法律领域的经验,让我基本上不相信任何经验法则,这是懒人为了逃避思考与决断的麻烦而使用的权宜之计。我们要尽可能地去尝试,惩罚的问题跟一般的法律问题一样,在本质上是独特的。鲍威尔教授写到:"我们必须传播这样的福音,即根本不存在能够把我们从每一步选择的痛苦中拯救出来的福音。"人性,一如人之生活,有着太多盘根错节的复杂性和多样性,根本不可能被纳入同一个模式。尽管一些人在统计表上被认定为有缺陷者和累犯,但是,政府在抓到他们之后应给其改过的机会,对他们的精神和身体状态进行科学的监测和研究,我不想对任何人关上希望之门。无论是惩罚还是其他形式的裁判,都不可能让我们摆脱个别矫正这一令人心碎的重任。

我倒不是说,心理学、医学或刑罚学已经发展到了一个新阶段,以至于能对当下的惩罚制度发动一场既可行又可能的革命。在这一领域,就像其他领域一样,我们还是只能靠缓慢的革新,以几乎难以觉察的方式摸索前行。我相信,一个世纪或更短的时间之后,在回顾我们今天的刑罚制度时,我们的后代会感到惊讶和恐惧,就跟我们在得知如下事情时的感觉一样:一个世纪以前,根据当时英国的法律,有160种犯罪会被判死刑;1801年,一个13岁的孩子因偷了一把勺子就在伦敦泰伯恩刑场被绞死。[12]这是法律史上的黑暗篇章。一想到这些我们就会不寒而栗,并且告慰自己说,我们已经远离这种残暴而进步到了仁慈而理性的阶段。未来的人们评价我们,可能不会像我们评价自己时这么宽宏大量。[13]在下一代人看来,就像今天一些人认为的那样,保留死刑乃是一个时代错误,它不合时宜,让人难以容忍。他们因此会谴责和嘲笑我们那些有关生命神圣的夸夸其谈。在英国历史上,霍华德曾把150年前监狱和传染病院的内情大白于天下,将来某位新的霍华德可能也会让我们看到我们的整个监狱体系实际上劣迹斑斑、污浊不堪。我不清楚这种事情将会如何发生,然而我可以肯定,任何开明运动都将取得成就,但不能只靠我这类法官和鼓吹者孤立无援的努力,而得通过各行各业人们的共同争取,你们尤其责无旁贷。如果我们把25年前对未成年人的惩罚和现在少年法庭处理青少年犯罪的行为进行比较,我们就会看到,伟大的变革正以飞快的速度发生。你们可以发现,赫伯特·卢(Herbert H. Lou)博士在对美国少年法庭所做的研究中对这些做了详尽的阐述,这项研究是北卡罗莱纳大学"社会研究丛书"中的一部分。这些人道而科学的方法已经非常流行,将被传播到其他领域。我相信,这既是我们的工作,也是你们的工作。你们的手中握有火炬,可以在思想、欲望和肉体深处洞悉犯罪的隐秘,甚至发现罪犯本身的秘密。这是一片共同的领地,是你们和我们工作交接的地带,在这里,爱、希望和信念都可以结出不朽的成果。

如果有人愿意从根本上重塑我们的刑事司法体系,那他等于接到了一份大订单。对于我们这些已经跑完大部分路程的人,希望呈现在我们面前的前景尽可能少一点乌托邦的色彩。因而,让我们关注一下刑法的两个主题,在这里,你们医学专业的合作会提供很大的帮助,尽管我们现在还没有把力量倾注于未来某一天将开花结果的改革。我想,你们学院的一些人可能会强调:有必要对关于杀人罪的法律规定,特别是两级谋杀之间的区别重新加以表述。我认为他们可能还会强调另外一个主题,一个虽已老生常谈但在得到妥善解决之前绝不应被放弃的主题,那就是,在把精神失常作为免罪理由时,应当如何准确界定"精神失常"(insanity)。

关于杀人罪的法律规定,尤其是一级谋杀和二级谋杀之间的区别,乍一看仅仅涉及刑法技术,因此是一个与你们医学无关、只需要法律人来处理的问题。但我之所以向你们提及,是因为,目前关于一级谋杀和二级谋杀之间不规范的区分,有望在精神病医生、精神病学家或心理学家的帮助下,得到更为明晰和权威的阐释。

在我们的法律中,杀人罪被分为故意杀人和过失杀人,故意杀人又分为两个等级:一级谋杀和二级谋杀。"蓄意地或有预谋地实施导致被害人或其他人死亡的行为,且无正当的或可赦免的理由,此类杀人行为构成一级谋杀。"当然还存在另外的一些特殊情况,但因与这里的研究主题关系不大,姑且从略。"没有故意和预谋,实施导致被害人或其他人死亡的行为,此种杀人行为构成二级谋杀。"可见,这里是有区别的,这种区别至少在字面上是清楚的。不论一级谋杀还是二级谋杀(暂不考虑我认为不需要在这里阐述的例外情况),都需要杀人意图,但在第一种情况下它是有预谋和故意的意图,在第二种情况下则不然。如果不存在任何杀人的意图,就会降格为过失杀人。我已说过,仅从法律表面看,这种区分是相当清楚的。但是,当我们试图发掘"故意"和"预谋"这些术语的含义时,困难就出现了。数年前出现的一系列判决已经赋予了这些术语以新的含义,在一定程度上有别于那种字面含义。就法律中"故意"和"预谋"含义而言,一个人不必要提前数天、数小时甚至数分钟去计划谋杀,比如等待其仇敌到来或在他的食物、饮料中投毒,法律并没有说明在犯意和行为之间必须间隔的时间长度。我们曾被告知,人类的大脑有时反应极其敏捷(*People vs. Majone*, 91 N. Y. 211),法律仅要求"故意"和"预谋"行为不得是即刻或本能冲动的结果。"只要存在着犹豫和疑虑,所做出的选择是思考的结果,那么,在意图与行为之间的斗争无论多么短暂",都存在着会导致犯人被判死刑的"故意"和"预谋"(*People vs. Leighton*, 88 N. Y. 117)。在1886年裁决的一个案件中

(*People vs. Beckwith*, 103 N. Y. 360），被告驱赶一个擅自进入其土地的人，双方发生了打斗，被告刺伤了擅入者并将其推倒在地，然后他抓起一把斧头劈开了受害人的脑袋。从拿刀子捅人到用斧子劈脑袋之间的时间长度，足以证明被告存在杀人的"故意"和"预谋"，从而可以对其作出死刑判决。有人也许会说，大致而言，按照法律的含义，杀人意图都是故意的和有预谋的，除非是痛苦或狂怒使人的心智处于无法控制的状态，以致行为仅仅是对环境的自发或本能的反应——不是严格意义上的自发和本能，因为在这种情况下不存在意图，只是一种姿态。我估计，行为学家会说，所发生的事情是一种条件反射，一种与非习得反应相反的习得性反应。[14]有一些州法院，比如马萨诸塞州的法院，就制定了与此大致相似的规则。

我认为，这种过于含糊的区分不应在我们的法律中继续存在下去。如果没有选择，就不可能有意图，根据假设,选择本身就足以证实意图是出于故意和有预谋的推论。据说,"瞬间冲动"的存在标明了分界线,但是,如果时间的表述以秒计算,冲动除了是"瞬间"的冲动还能是别的东西吗?司法裁决所针对的就是有数秒钟便足以导致的效果。根据我的理解,这里的意思是说,冲动必须是一种非常迅速和不可抗拒的情绪或激情造成的头脑混乱之产物。然而,至少可以说,一个比喻只是一种不确定的标准,不能用它来衡量有生死之别的犯罪的等级。我认为心理学的研究者应当让立法者意识到,相关刑事立法所遵循的乃是一条有缺陷和不真实的心理学路线。如果只要存在选择则其意图就是"故意"和"预谋",那么事实上意图永远是故意的和有预谋的,因为意图的假设本身就包含着选择。我们所拥有的仅仅是一种被授予陪审团的特权,让他们在突发的意图和强烈的激情要求表现出仁慈时,发现较低等级的罪行。我并不反对授予陪审团这种特权,但它应被直接而明确地授予，而不是包裹在言辞的迷雾之中。目前的区分过于含糊不清，很难指望哪个陪审团一听就能消化和理解它。在将其进行了多年的司法应用，并对相关著作做了认真研究之后，我依然不敢肯定自己真的就理解了它。就是因为这种含混而迷惑的心理学上的细微差别，导致许多被告人命丧黄泉。我认为，现在是到了该你们发言的时候了，作为心理研究方面的权威，你们可以告诉大家这些区分是否十分可靠和合理，是否应该容许它继续存在？一方面，律师协会应当成立相应的委员会；另一方面，这个学院中也应当成立一个委员会（如果现在还不存在的话）。通过这些机构，把两个专业的资源集中起来解决这类问题，让社会从这种协同努力中获得更大的收益。

在杀人罪的法律领域还存在另一个问题，即界定并支配着"心智无责任状态"（mental irresponsibiltiy）的法律。从严格意义上说，这并非仅与杀人罪有关，它同样也适用于其他类型的犯罪,但它在杀人罪中引发的问题更为常见。在我们法律的早期阶段,即在中世纪,精神失常从来都不是为犯罪辩护的理由。精神失常的杀人犯,同正当防卫的杀人一样,有可能向国王寻求宽恕并常常得到恩准,但在法律上,这并不构成辩护的理由。后来,法律中这种严酷的内容渐渐变得宽缓,以精神失常为被告人辩护得到了法律的认可,但其应用被限制在严格的范围之内,这就是后来为人所知的刑事辩护中所谓的"野兽状态阶段"(the wild-beast stage):杀人犯将不能得到原谅和豁免,除非他失去心智后的精神状态使其理解力与野兽相差无几。之后,虽然缓慢而有限,但对此类辩护的限制还是被放宽了,即如果杀人者的精神疾病使他不能理解对与错的差别,那么他是可以被原谅和豁免的。起初,这种对与错不是指具体案件中的对与错,而是一般意义和抽象意义上的对与错,它们的差别——就像人们有时说的那样——是善恶之间的差别。

随后,法律规则又进一步作了对罪犯有利的修改:如果他只有能力区分一般意义上的对错,而没有能力理解与其犯罪的特定行为相关的对错之别,他就无需为其行为负刑事责任。在英国,上述规则是在 1843 年上议院(the House of Lords)答复著名的"麦可纳格登案"(McNaghten's Case)中法官的问题时得到确立的,该案中,麦可纳格登因杀害罗伯特·比尔(Robert Peel)爵士的秘书德拉蒙德而受审。上议院答复:"在每一个案件中,陪审团都应被告知,要把每个当事人当做精神正常的人看待,他们拥有足够的理性并对自己的犯罪行为负责,除非能够提出让陪审团满意的相反的证明;陪审团还应被告知,若以精神失常为辩护理由,就必须对如下事项进行清晰的证明:即被告人在实施犯罪时正遭受精神疾病的折磨,从而导致其缺乏理性,他不知道自己正在做的行为的性质,或者即使他知道,他也不清楚自己的行为是错误的。"[15]

"麦可纳格登案"所确立的标准,已经通过法律修正案的方式被吸纳进纽约州的法律中。该州刑法第34条规定:"一个人不能因为是白痴、弱智、精神错乱或精神病人而免除其刑事责任,除非有证据证明他在实施被指控的犯罪行为时正遭受到这种理性缺乏的困扰,以致(1)不知道他所从事的行为的性质,或(2)不知道该行为是错误的。"它没有考虑到作为精神疾病产物的不可抑制的冲动,有可能使被告实施了谋杀行为。法律是不认可这种辩护理由的(*Flanagan vs. People*, 52 N.Y. 467; *People vs. Carpenter*, 102 N.Y. 238; *People vs. Taylor*, 138 N.Y. 398)。该法规明确规定:"存在于一个人头脑中的导致其实施违法行为的病态倾向,如果无法证明他确实没有能力知道这种行为是错误的,则不能成为其被指控行为的辩护理由。"如果罪犯清楚自己行为的性质并知道它是错误的,那么,如果死刑是他要为自己的罪行付出的代价的话,他就必须为此偿命。当然,显而易见,这里存在着模糊不清的方面。"知道行为错误"到底是什么意思,知道该行为是被法律禁止的因而是错误的就够了吗？或者还需要知道它在道德上也是错误的？奇怪的是,这个问题直到1915年在纽约才被提出来。一个叫施密特的牧师被控杀害了一个与他关系暧昧的女士。在法庭上他辩解说自己精神失常,无论白天还是黑夜,自己都能听到上帝在召唤他去祭献和杀戮。最终,他遵从了这一召唤,因为他相信杀戮是自己的一项道德义务。审判的法官认为,如果被告人知道自己行为的性质,也明白杀人行为是法律禁止的因而是错误的,那么,他的辩护理由就不能成立。在上诉阶段,这一判决被推翻了(*People vs. Schmidt*, 216 N. Y. 324)。我们认为,在此类情形中,"错误"一词的法律含义涉及行为的道德性质,而不仅仅涉及法律上的禁止。如果有个母亲杀死了自己一个非常可爱的孩子,因为她相信神的命令在召唤这种恐怖行为,那么,不管你对法律怎么解读,她都会被指控犯了谋杀罪。顺便补充一句,那个叫施密特的家伙并没有因检方指控的错误而占到什么便宜,因为他在宣誓之下承认,所谓"精神失常"的辩词其实是一种欺骗和伪装。

医生们常常指责法院,认为法院采用的精神责任标准非常狭隘和不合理。但抱怨我们这些法官没有用,你们应当冲着立法机关发泄怨气。在这件事上法官没有选择的余地,立法机关制定的条条框框像镣铐一样束缚着我们的手脚。所有的人都承认,目前法律上对精神失常的界定与精神生活的真实状态严重脱节。当然,有些时候,杀人者在杀人时不知道自己行为的性质,一个典型的案例是玛丽·兰姆(Mary Lamb)案,她是卡莱尔·兰姆的姐姐,在精神错乱中杀死了自己的母亲。也有一些时候,人们没有认识到自己的行为是错误的,譬如一个母亲把自己的孩子当做祭品奉献给上帝。不过这毕竟都是一些精神错乱情形下的极端事例,在疾病驱使之下实施的某些行为,比如很多偏执狂在固执观念的冲动下犯罪的案例,都不能包括在内。我意识到,构建一个精神失常定义存在难度,这种定义不能太宽泛,否则就会为逃避惩罚和欺诈行为打开方便之门。当然,法律肯定会说这种做法风险太大,精神失常者必须用生命对自己的错误行为付出代价,以免在特权掩盖下让说谎者逃脱惩罚。可以想见,神智健全和精神失常之间的过渡地带非常宽广而模糊,以至于我们根本不可能对它进行精确的描述。对此,我不太清楚,尽管我不愿意承认科学是如此无能。迄今为止,构建一个支配性原则或标准的努力尚未取得令人鼓舞的成果[16],但一定程度的改善是可以做到的,尽管它离完美还相差甚远。许多州,比如马萨诸塞州、阿拉巴马州、宾夕法尼亚州、弗吉尼亚州、佛蒙特州,都意识到了这样一个事实,即精神失常可能表现为一种不可抗拒的冲动,但我不知道他们的刑法部门是否因此已经遇到了麻烦。[17]如果把涉及精神失常的刑事案件交由一个特别设立的法庭而非普通陪审团来审理，许多麻烦或危险也许就不会发生了。至少在这件事上我相信：本州从事医学专业的人、研究健康状态和疾病状态下人的精神生活的专家们，应当和法学家们联合起来，通过科学而审慎的努力，确立一个合理的定义，以及一套能够把效率与真相结合起来的管理体系。如果精神失常不能成为辩护的理由，说得直白或冷酷一点，那就请不要用一个糊弄现实的定义来自我嘲弄。这种方法无论在道德、科学还是法律上，都不是一个好的选择。我知道经常有人这么说——这种说法在技术上可能有其正确性，即法律不应被看做是对精神失常的界定，法律所有能做的就是去阐述可以免于惩罚的精神失常的形式或状态。[18]这些说法也许是对的，但是如果没有体会到法规通过暗示和建议还提供了更多的东西，那就很难正确理解这一法规，它让人听到了承诺，却打碎了心中的希望。因而，让我们努力提高它的科学性,至少是让它更坦率,这是法学和医学可以通力合作的又一个领域。

流行杂志中不时会刊登有关安乐死的讨论,它所提出的问题是,如果患者得了不治之症,痛苦不堪而寻求解脱,在这种情况下,是否应当授权医生让病人无痛苦地离开这个世界?这样的权利在我们目前的法律中是不存在的,对任何缩短生命的做法,法律均避而不谈,之所以如此,一方面是受到了宗教观念的制约,另一方面是害怕安乐死被误用和滥用。生命不可以被人为地缩短,每个生命的价值都是平等的,无论王公贵族还是贩夫走卒。母亲对未出生的婴儿会有选择和偏爱,但孩子从出生的那一刻起,就被法律视为人类社会中平等的一员。我敢肯定,这种社会秩序的思想有时会浮现在你们的头脑中,比如当你走在医院的走廊里,看到形形色色的男女——丑陋的或漂亮的,聪明的或愚钝的,年轻的或苍老的,快乐的或痛苦的——把痛苦展现于你面前的时候。各位也许有兴趣知道,关于这些问题,法律在如何艰难地应对,又是怎样解决它们的。这里有两个经典案例,一个是宾夕法尼亚东区联邦巡回法院审理的"合众国诉霍姆斯案"(*U. S. vs. Holmes*, Federal cases No. 15,383),另一个是英国王座法庭审理的"女王诉达德利案"(*Queen vs. Dudley*, L. R. 14 Q. B. D. 273)。"霍姆斯案"最近在希克斯(Frederick C. Hicks)写的一本书中被重新提及,书中对该案的证据、律师的辩护以及国家的指控都作了充分阐述,书名叫《投弃人类》(*Human Jettison*)。各位如果有心一读,便会发现,这是一本非常有趣的有关人类的记录。霍姆斯是"威廉·布朗号"的一名水手,这艘船在1841年由利物浦驶往费城,船上载有82人,包括17名长官、船员和65名乘客。船在出发37天后撞上了冰山并且沉没。从船上放下两条救生船,其中一条叫"快乐号",上面坐着船长及两位助手、6名水手和1名乘客。6天后,就在食品和水即将耗尽之际，小船被搭救，船上的人也随之获救。而另一艘较大的船由大副负责，上面载了42个人，其中33名是乘客，其他都是水手。这条船只是长一点而已，乘客的重量已经使它超载，男人、女人、儿童在这条已经开始渗水的船上挤作一团，几乎无法挪动手脚。第二天，风暴来袭，船眼看就要沉没，大副下令扔掉船上的一部分"人类货物"。霍姆斯和另一些人执行了这项命令。在抗议和恳求声中，14个男子被抓起来扔出船舷。另有两位妇女也不见踪影，但有理由相信她们是在看到一个兄弟被迫牺牲后，悲痛欲绝而自愿跳海。不过，大部分受难者都是男人。负荷减轻后，船在海浪中安全航行。第二天早晨，一张船帆进入视野，救生船上的人随即高举被子和毯子用力挥动。他们的求救信号得到了回应，那艘船开了过来，救生船上的幸存者得救了。

当16条生命被牺牲的故事传开后，许多人被这种做法所激怒，声讨说这是谋杀。听到要逮捕人的风声后,大副和大多数水手都逃跑了。霍姆斯只身来到费城,依据联邦法令,他被指控在公海上犯了杀人罪。大陪审团没有以谋杀罪而是以过失杀人罪起诉了霍姆斯。他以此罪名受审,并被定罪,判处监禁6个月,而在此之前他已被关押了9个月;他还被判处罚金,不过罚金后来被赦免了。我认为,霍姆斯的行为无疑是出于善意,他相信除非有一些人牺牲,否则船上所有的人都得葬身大海。但他的善意并不能洗清他的罪过,即便这可导致判决从轻。当两个或更多的人遭受共同的灾难时,并不存在这样的权利,即为了救一些人的生命而杀死另一些人,不存在"投弃人类"的规则。经常有这样一些人,当被告知他们的牺牲会换来他人的得救时,他们会选择扮演高尚的角色,主动跳入水中。在这样神圣的时刻,一想到身后的人会因为自己而获得安全,对他们而言,黑暗也会变成光明。如果船上没有这类人,或这类人数量太少而不足以拯救其他人,那么,船上人的命运就只能交给大海了。在这样的时刻,应当由谁来选择牺牲者和得救者?又有谁能知道,那拯救他们的桅杆和帆影,何时会在迷雾中渐行渐近?

数年后,一件类似的案子被提交到英国王座法庭。3个男人和1个男孩在海难中幸存下来,乘着一艘小船在茫茫大海上漂流。其中两个男人,达德利(Dudley)和史蒂芬斯(Stephens),因饥饿难耐而杀了那个男孩,吃了他的肉。4天后,他们被路过的船只救起并带回英国,随即以谋杀罪被交付审判。他们在王座法庭首席法官、造诣深厚的柯勒律治(Lord Coleridge)勋爵面前接受审判。陪审团作出了有罪的裁决,但将死刑减为几个月的监禁。在复仇女神引导下,要对血肉之躯宣判时,法律却结结巴巴,它转过脸去,装剑入鞘。

医学已经为法理学做了一件事情,这件事情很重要,即使对它们的关系做最简洁的叙述,这件事也值得一提。多年以来,医学界一直强调专业研究机构的价值,大家可以在弗莱克斯纳博士的《医学教育研究》(*Study of Medical Education*)中看到这些研究机构的历史概况。法学在接受这种方法和观念方面有些迟钝,不过最终它还是走上了这样的道路。我相信,你们作为榜样大大开阔了我们的视野,增长了我们的见识。现在,哈佛、耶鲁、哥伦比亚、密歇根等几所大学和其他一些地方的法学院,都在大声疾呼进行专业的研究。它们正在努力培养一些实干家,有朝一日他们可能会成为法官,但他们要做的事情也许会更多。它们正在努力培养学者,也就是真正意义上的法学家,他们将成为法律事业前行中的领导者。就在不久前,为医学发展作出过诸多贡献的约翰·霍普金斯大学宣布成立法学研究机构,致力于开展法学研究。一大批学者被召集起来,初期并不招收学生,而是他们自己充当学生,大家齐聚一堂,进行思考、交流、切磋和探讨。他们将从功能或实用的角度来研究法律,不仅要探讨某某规则是否从中世纪流传至今,还要探究某某规则是否适应当下的生活需要。我们有理由相信,这种长期激励着自然科学学者的中立、客观的探索精神,正在被传播到社会科学中来。我并不想传递这样的想法,即法律仅仅是一种发明、一种人工培植的作物,并没有根植于风俗、习惯和主流的信念中从而可以满怀希望地期待它为社会提供治疗和帮助的力量。我所担心并想尽力避免的是,在习惯、风俗、信念、功效等法律的土壤被冲走之后,法律所要维持的乃是一种令人厌恶的生活。对于那些临时拼凑的法律,我绝对相信它是无用和无效的。在法律做出变革之前,最好一开始就勾勒出它的未来趋势与发展方向的基本路线,细节的问题则应通过试错法(trial and error)加以完善,这也是司法过程的本质。当代一位伟大的法官说过:"我们法律体系的一个独特优点是,经常被用于形成法律规则的选择和取舍的过程,不会随着规则的阐明而终止,而对一种观点的法律阐述一定要经受随后发生的、不可预见的事实的考验。"[19]我们千万不能牺牲法律这种有弹性的适应能力,它存在于法律原理的基本框架比较柔弱之时。我并不是说,在胆怯和冒失之间,或者用另一种说法,在文献和教条之间,寻找到一条恰当的中庸之道是件很容易的事情。万一陷入困惑时,我会倾向于很多人并不认同的印象主义(impressionism),它不作界定和限制,只有提示和说明。目前流行的趋势大概不是这个路子,而大多数人也许是正确的,他们认为印象主义者的神秘与科学的尊严无法相容。当科学经过反复的试验有了可靠的依据时,我是同意这种说法的。我所担心的是一种伪科学,它的保证不能让人信服。怀着这样的态度,我所要表达的可能就是一位博学的作者所描述的"一种根深蒂固的思维习惯:它认为公正源于犹豫,而司法的态度就应当是裁判时那种谦抑、克制的态度"[20]。大海波涛汹涌,隐藏着凶险,人们只能一个海角接着一个海角地摸索航行。

法律跟医学一样,也会出错、盲目、迷信甚至残忍。但是跟医学一样,法律也从来都不缺乏对美好希望的向往和对伟大理想的憧憬。有时人们会发现,法律的内在生命和意义,会从其藏身的古老形式和礼仪中显露它的全部本质。不久前,我在读到关于宣誓的法律形式时就意识到了这一点。直到今天,这种宣誓形式仍以它的古雅之美支配着各地的大陪审团。你可以在《刑事诉讼法典》中看到它,大洋彼岸我们的英国同仁仍在使用着与此没有太大区别的宣誓形式,腓特烈·波洛克爵士的研究显示,这种宣誓形式的萌芽至少可以追溯到撒克逊诸王的时代。我们法律中的宣誓恰当、优雅且令人难忘,完全可以与希波克拉底的伟大誓言相媲美。历经千百年,它的内容表述如下:"对交予你办理的一切事宜,你当勤勉尽责,真诚以待。对于你所知悉的相关信息,你和你的同仁当保守秘密;你当秉持中立,不得对任何人带有嫉妒、仇恨与恶意,不得对任何人带有恐惧、喜好、友爱和酬报之心。对于你所知悉的一切,应根据你的准确理解如实陈述。上帝会因此而保佑你!"

这些不断在耳边回响的殷切嘱托,如洪钟大吕,引领我们走出迷途,回归神圣和敬业的境界。每次听到它,我都会心存敬畏。在此,我对自己说,隐藏在这一神圣规则之中的,正是无惧、无私的真正的法律精神。对于她高扬于空中、要求其臣民们追随的理想,并非人人都会忠诚。但是,在经历了几百年的浊流之后,这些话依然完好如初,它在我们犹豫时给我们信心,在我们软弱时给我们力量。它告诉我们,无论有多少失败和退缩,有多少恐惧和偏见,这种法律的精神依然真实而纯粹。

因而,无论对于我们法律人所从事的伟大职业,还是你们医学人从事的伟大职业,我们都要年复一年地在行动和言论中,赋予和保持希波克拉底誓言的生命和活力。

感谢你们,给了我机会,让我可以在你们的学术殿堂里,把法律和医学结合在一起。

---

[1] Cardozo, *The Nature of the Judicial Process*, p. 81.

[2] 10 *Journal Criminal Law and Criminology*, p. 186; Glueck, *Mental Disorder and the Criminal Law*, p. 455.

[3] Sheldon Glueck, *Mental Disorder and the Criminal Law*, p. 485,486.

[4] 41 *Harvard Law Review* 453

[5] Cf. Gillin, *Criminology and Penology*, p. 153.

[6] 参见马萨诸塞州最近颁布的法规(1.1927.c.59),它要求任何一个被控死罪的人或被控有罪的人,在经历初审裁定一项罪行后,必须接受精神病学家的检查,这种法规可以消除对专家证词长期和持久的指责。See 13 *Mass. Law Quarterly*, p. 38, et seq., No. 6, August, 1928.

[7] Berman, *The Glands Regulating Personality*, p. 22.

[8] Cf. Bertrand Russell, *Philosophy*, p. 218.

[9] Pollock, Oxford Lectures, *The King's Peace*, p. 64.

[10] S. W. Bandler, *The Endocrines*, p. 266; Berman, *The Glands Regulating Personality*, p. 310; Schlapp and Smith, *The New Criminology*, p. 270.

[11] Gillin, *Criminology and Penology*, p. 412; Preventive of Crime Act, 8 Edw. 7 c. 59; Halsbury Laws of England, Title Crim. L., § 796. 沿着相同的思路,最近修改的《纽约监狱法》允许精神有缺陷者在判决被取消后拘禁在位于 Napanoch 的州立公共机构中(Prison Law, §§ 467, 470; Laws of 1927, chap. 426)。但是法规中使用的精神缺陷这个术语(Mental Hygiene Law, § 136)包括了这里所说的属于一些较轻等级的精神缺陷。与此极为类似的,对待犯人的其他类型的条款的扩展,有望在将来实现。

[12] 4 Blackstone, Comm. 18; cf. however, 1 Stephen, *History of the Criminal Law of England* 470.

[13] Cf. Jung, *Das Problem des Natürlichen Rechts*, p. 74.

[14] Watson, *Behaviorism*, p. 103, and cf. B. Russell, *Philosophy*, p. 21.

[15] McNaghten's Case, 10 Cl. & F. 200.

[16] Glueck, *op. cit.* , pp. 452,459.

[17] See, e. g. , Commonwealth vs. Cooper, 219 Mass. 1; Parsons vs. State, 81 Ala. 577; Commonwealth vs. DeMarzo, 223 Pa. St. 573; State vs. Dejarnette, 75 Va. 867; Doherty vs. State, 73 Vt. 380.

[18] See e. g. , Oppenheimer, *Criminal Responsibility of Lunatics*, p. 247; Stephen, *Digest of Criminal Law*, Art. 29; Glueck, *op. cit.* , p. 43.

[19] Brandeis, J. , dissenting, in Jaybird Mining Co. vs. Weic, 271 U. S. 609.

[20] Dr. Figgis, Introduction to Lord Acton's *The History of Freedom and Other Essays*.

后 记

德国法学家阿列克西曾说:"唯有当译者不仅熟通两种语言,而且对所及之事有充分把握时,才能够完成学术著作的翻译。"[1]在卡多佐《法律的成长》这本书的翻译中,本人深刻地体会到了这句话的分量与内涵。

客观来讲,卡多佐这本书篇幅虽小,但翻译上却存在较大的难度。这不是一部严格意义上的学术专著,而是距今近百年前的讲演记录。书中使用了大量口头语言,运用了很多奇妙的比喻和修辞,对于一个异域学者而言,确实存在理解上的困难。另外,卡多佐是个很有魅力的人,文如其人,他在本书中展现出的文字华丽、优美而令人陶醉。必须承认,经由翻译,这些文字之美被大打折扣。有些东西,注定是无法翻译的。

本书是分工合作的产物。本人负责翻译前言、第一章至第三章,以及附录《医学能为法律做什么》,李璐怡负责翻译第四章至第五章。初稿完成后,两位译者进行了交互修改和校对。卡多佐的这本书此前有过其他译本,我们的翻译在很多方面对此前的译本有所参考和借鉴,在此一并向其译者致谢。

卡多佐的《法律的成长》是一部旧作,但其价值并不因时间的流逝而减损。尤其在我们思考当代中国的司法与法律发展时,重读此书,当会别有一番感悟与启迪。

李红勃

北京·外交学院

2014 年 10 月 1 日

---

[1]〔德〕罗伯特·阿列克西:《法律论证理论》,舒国滢译,中国法制出版社 2002 年版,见"中文版序"。

图书在版编目(CIP)数据

法律的成长/(美)卡多佐(Cardozo,B.N.)著;李红勃,李璐怡译.
—北京:北京大学出版社,2014.11
ISBN 978-7-301-25069-3

Ⅰ.①法… Ⅱ.①卡…②李…③李… Ⅲ.①法的理论—研究
Ⅳ.①D90

中国版本图书馆 CIP 数据核字(2014)第 256562 号

书　　名	法律的成长 FALÜ DE CHENGZHANG
著作责任者	〔美〕本杰明·N.卡多佐　著　李红勃　李璐怡　译
责任编辑	柯恒　白茹
标准书号	ISBN 978-7-301-25069-3
出版发行	北京大学出版社
地　　址	北京市海淀区成府路 205 号　100871
网　　址	http://www.pup.cn　http://www.yandayuanzhao.com
电子邮箱	编辑部 yandayuanzhao@pup.cn　总编室 zpup@pup.cn
新浪微博	@北京大学出版社　@北大出版社燕大元照法律图书
电　　话	邮购部 010-62752015　发行部 010-62750672 编辑部 010-62117788
印 刷 者	北京中科印刷有限公司
经 销 者	新华书店 880 毫米×1230 毫米　A5　7.5 印张　87 千字 2014 年 11 月第 1 版　2024 年 9 月第 4 次印刷
定　　价	39.00 元

未经许可,不得以任何方式复制或抄袭本书之部分或全部内容。
版权所有,侵权必究
举报电话:010-62752024　电子邮箱:fd@pup.cn
图书如有印装质量问题,请与出版部联系,电话:010-62756370